斎藤一人

ひとり

新版

読むだけでどんどん豊かになるお金に愛される315の教え

斎藤一人［著］ HITORI SAITO

KKロングセラーズ

この本が、あなたの人生の教科書づくりのお役に立てれば幸いです。
あなたにすべての良きことがなだれのごとく起きます。

斎藤一人

第1章

315 Miracle Teachings

最高って言ってると最高の幸せがやってくる

1

あなたの言葉に、愛があるだろうか。
言葉に、心の豊かさがあるだろうか

私がいつもいっているのは、「あなたの言葉に、愛があるだろうか。しゃべっている言葉に、心の豊かさがあるだろうか。心が豊かにならないと、実際に豊かになれない。そんな時代がきたんですよ」ということなんです。これからの時代は、人に対する愛とか、感謝とかがもっと大切になります。

2

「最高に幸せ」といっている人には、幸せがやってくるんです

宝くじには、誰にでもチャンスがあるんですね。ところが、お金持ちの人と、お金のない人が同じ条件で買ったら、お金持ちの人のほうが当たる確率が高いんです。

聖書に、「持っている者には、さらに与えられて、持っていない者には、持っているものまで奪われる」というキリストの言葉があります。

この意味は「幸せなことを考えている人には、さらに幸せが与えられて、不幸なことを考えている人は、ささいな幸せすら奪われる」ということなんです。

「最高に幸せ」といっている人には、幸せがやってくるんです。

だから、「幸せな気持ちを持っている人には、さらに幸せが与えられる」。

3

強運の人は、自分を変えることを怖がらない

「強運」の人は、自分を変えることを怖がりません。
強運の人は自分がよくなることは、喜んでやります
人生って、上がりだすと、結構、上がれるものです。
足を一歩ずつだしていると、富士山にだって登れちゃうんです。
ただね、自分はこれくらい登ったから、もういいっていう人もいます。
それはそれでいいんですよ。それぞれの人生だからね。
ただ、いくらでも登れるよ。
それだけはいっておきます。

4 お金持ちになる人は、お金持ちになる波動がでている

よく、「金は天下の回りもの」っていいます。
確かにお金は回ってる。けれど、
「不幸だ、不幸だ」っていってる人のところにはこないんです。
お金持ちになる人は、お金持ちになる波動がでている。
幸せの波動がでている。
どんなささいな幸せでも感謝して、
「今日、最高」っていってると、
最高の幸せが次々にくるんですよ。

5
この世で一番楽しいことは、人の笑顔を見ること

この世で一番楽しいことは、
人の笑顔を見ること。
自分だけが笑顔になるんじゃないの。
人の笑顔を見ることが、最高の楽しみなの。
自分だけが笑顔になることを
考えてちゃ、ダメだよ。

6
仕事のコツは一個。ワクワクしながら、仕事をする

私は今、みなさんの役に立つことに全力を尽くしてる。
「この人たちが喜ぶことって、なんだろう」って考えながら。
仕事のコツは一個なの。これって、誰でもできるの。
ワクワクしながら、仕事をする。
この仕事でお金儲けをして、シャネルのバッグを買おうなんてね。
自分がワクワクすることが、一番楽しい。
ワクワクしながら仕事するんです。

7

仕事で大事なのは、「やりがい」でなく「出世」

よく人から、「仕事は、やりがいが大事ですか？　出世が大事ですか？」って聞かれます。

ほとんどの人は、「やりがいが大事」って思うでしょう。

でも、違うんです。大事なのは、出世なんです。

なんで出世かというと、たいがいの仕事っていうのは、出世しないとやりがいがあまりないようにできているからなんです。

皿洗いでも、一生懸命やっていると、「お前、そこの主任になれ」って声がかかったりします。それで責任を持たされるようになると、楽しい。ますます一生懸命働いて、出世できるようになっているんです。

8 仕事にいいも悪いもない。仕事は全部「いい仕事」

口ぐせのように、「なんか、いい仕事はありませんか?」という人がいます。
世の中に、いい仕事も、悪い仕事もないんです。
いい仕事をするか、悪い仕事をするかは本人次第。
仕事は全部、「いい仕事」。
その人次第なんです。
うまくいかない人は、「あなたのやり方は、間違ってるんですよ」って、
神さまが教えてくれているんです。
当たるやり方に変えればいいんです。

9

「正当な努力をして、魅力的な人間になる」という神さまとの約束

この世の中は、「道理」でできています。
道理を無視して成功なんてありません。
また、道理と強運は違うものじゃないんです。
私たちは、神さまとある約束をしてるんです。
「正当な努力をして、
魅力的な人間になって、
神さまのもとへ帰る」
という約束です。
このことを守っていたら、神さまは絶対、味方をしてくれます。

10

出世というのは、「人に押し上げられること」

出世というのは、「人に押し上げられること」なんです。

いつもニコニコ、楽しそうに仕事をして、自分の仕事が終わったら、周りの人を手伝ってあげます。

同僚の心を明るくするような言葉を話します。

自分にいいアイデアがでたら、惜しみなく周りの人に教えてあげる。

そうやって仕事をしていると、みんなから喜ばれるんです。

感謝されるんです。こうやってると、みんなが押し上げてくれる。

みんながあなたの味方になってくれるんです。

11 いつも、「また」ってことを考え抜けば、商売は絶対成功するの

魅力って、「また」なの。
いつも、「また」ってことを考え抜けば、
商売は絶対成功するの。
ここの人たちの笑顔を、また、見たくなるだろうか。
この店、また、来たくなる店だろうか。
この料理、また、食べたくなるだろうか。
常に、「また」をつけて考えるの。
一点、「また」に尽きるんです。

12 「自分の目の前にいるお客さんのために、何かしよう」という心、無償の愛なんです

「自分の目の前にいるお客さんのために、何かしよう」

という心、無償の愛なんですよ。

その無償の愛を表すために、トン汁だったり、スープがあるんであって。

だから、買ってもらおうと思ってスープやなんかをだすのって、

愛ではないんです。そうじゃなく、

「寒かったでしょ。トン汁飲んで」「スープ飲んで」って。

いわれた人は、「この人、やさしいな」って愛を感じるでしょ。

お客さんは、それが嬉しいの。

そこに、結果がついてくるの。

13

金持ちになったら、友だちも金持ちにしてあげる

自分が金持ちになったとき、友だちも金持ちにしてあげようという人。
こんな人は、ほんと少ない。
金持ってても、出さない人間がほとんど。
金持ってるから、友だちも金持ちにするのがあたりまえという人もいる。
だけど、あたりまえのことができるって、すごいことなんだよ。
周り見て、自分が出世したからって、
友だちを一生懸命助けてあげる人いないよね。
人の心もわからないような人間は、商売できないんだよ。

第2章

315 Miracle Teachings

感謝の多い人って必ず成功する

14

お金は自分がどれくらい お役に立っているかのバロメーター

「お金とは何ですか?」
っていうと、これは神さまからのご褒美だと思っています。
一生懸命働いてお金が入ってくるっていうことは、
世の中のお役にいくらかは立ったんだと、商人なら考えます。
自分がどれくらいお役に立っているかのバロメーターです。
だから、これは非常に大切なものだと思っています。
普通の人もそうですが、商人はとくにお金がないと生きられない。
だから、お金は私にとっては、非常に大切なものです。

15
お金は神の霊感。しあわせになるために遣う

「世の中は金じゃない」とか、「何でも金で解決しようとするヤツはろくなもんじゃない」って、聞いたことがあるでしょ。

でも、何でも金を出さないで解決しようとするヤツも、ろくなもんじゃないと思う。

お金というのは、神の霊感です。

神さまの最高のアイデアがお金になったもの。

だから、お金をしあわせになるために遣う。

遣い方を知らない人は不幸になってしまうんです。

16

笑顔でいれば、自然にお金から愛される顔になる

いつも楽しく、しあわせでいるには、何より笑顔でいることが大切。
笑顔のままで暗い言葉を使ったり、イヤなことは考えられないでしょ。
ずっと、笑顔でいれば、自然にお金から愛される顔になるから不思議。
少々、強引でもいいから、顔の筋肉を笑顔になるよう動かしましょう。
そのうち、心も明るく変わってきて、お金が入ってくるようになる。
筋肉を動かすのは、自分の意思でどうにもできるし、
訓練次第でいつも笑顔でいられるようになります。
顔の筋肉を鍛えて、性格を明るくしましょう。
鏡を見て、しょっちゅう笑顔をチェックしましょう。

17

〝いいこと〟ばっかり起こる人は魅力の貯金をしている人

人間には、魅力的な人と魅力のない人がいます。
魅力というのは引力に似ているんだね。
この宇宙には宇宙貯金っていうのがある。
それは、魅力的なことをやっているとプラスされるということ。
逆にマイナスなことをやっていると、その額が減っていくんです。
宇宙貯金って、とんでもない金利がつく。
〝いいこと〟ばっかり起こる人は、魅力の貯金をしている人。
たとえば、いつも笑顔の人は、プラス三〇〇万点。
それに金利がいっぱいつくから、〝いいこと〟がいっぱい起きるんです。

18

宇宙貯金の額を増やしていく

宇宙貯金をマイナスにすると、イヤなことがどんどん起きる。
「何でこんなにイヤなことが続くんだ」
っていうけれど、そういうときは必ず魅力のないことをやっている。
宇宙貯金で借金ばかりしているんだよ。
借金するのは、やめたほうがいいよ。
それより魅力を貯金していく。
宇宙貯金の額を増やしていく。
これさえやっていれば、何をやっても成功するんです。

19 お金にきちんと礼を尽くさないと、お金が入ってこない

お金は、「この人は本当に私のことを大切にしてくれているんだ」と思える人のところに流れていきます。

だから、お札はグチャグチャにしていてはダメですよ。

ちゃんと揃えてあげてください。顔の向きをそろえてね。

顔の向きが、あっちを向いたり、こっちを向いたりしているのは、お金に対して失礼ですよ。

お金にきちんと礼を尽くさないと、お金が入ってこないんです。

20

お金を愛することが、お金持ちになる条件

本当のお金持ちに共通しているのは、お金を愛しているということ。
お金持ちには二種類あります。
ひとつは、稼いだ結果、一時的にお金持ちになる人。
もうひとつは、そのあとも、ずっとお金を持ちつづけている人。
本当のお金持ちは、ずっと持ちつづけている人のことです。そうした人たちは、
お金を有難いと思い、本当に必要なものでなければ買わない。
よく、お金がなくなるまで洋服を買う人がいるけど、その人は洋服を愛している。
お金を愛しているんじゃない。
お金を愛するのが、お金持ちになる条件。

21
お金は集まれば集まるほど波動で仲間を呼ぶ

お金からは波動が出ています。
そのなかでも最強の波動は、
貯金から出る波動。
一千万円持っている人は、
一万円持っている人の千倍のスピードでお金を儲けられる。
それは一千万円から仲間を呼ぶ波動が出ているからなんです。

22

一円玉が落ちていたら助けてあげるんだよ。一円玉を助けてあげれば皆、集まってお礼に来てくれるんだよ

どこかに一円玉が落ちていたら助けてあげるんだよ。
汚れていたらきれいにしてあげる。
そうするとね、一円玉のお父さんが
「子供を助けてくれて、ありがとうございました」
とお礼をいいにきてくれる。
一円玉のお父さんは五円玉なの。その五円玉のお父さんは一〇円玉。
そうやって、五〇円、一〇〇円、五〇〇円、一〇〇〇円、五〇〇〇円、
そして一万円と続く。
一円を助けてあげれば、皆、集まってお礼にきてくれるんだ。

23
お金という自分の子には何かの役に立ってほしい

「運の強いヤツは、バクチやっても強い」
とかっていうけれど、私は絶対そんなことはあり得ないと思っている。
バクチ運の強い人は、マージャンが強い、パチンコが強い、何が強いってね。
でも、よく見ていると、別に大成していない。
だから、うんと出世する人ってのは、バクチなんかやらないんです。
私はお金を愛しているから、役にも立たないことにお金が出ていくと不愉快になる。
お金という自分の子には何かの役に立ってほしいからね。
有意義なことにお金を遣う。

24

私がお金を支払うときは、「有難う」というの。これは受けとる人にいうだけじゃなくて、お金にもいってるの。「これからひと働きしてくれるんだね。有難う」とお金に感謝している。こうやっていると、お金は愛してくれている人のところへ、また帰ってきてくれるから。

25
入る額より使う額を少なくしたら、勝手に貯まった。ものすごく単純な問題なんです

お金を貯めようと思って、難しい顔をして貯めている人がいますよね。
違うの。そうじゃないんです。
私は、お金を貯めようとしたことは、一度もありません。
貯金をしようと思ったことも、生まれてこのかた、一度もない。
入ってくる額よりも、使う額を少なくしていた。
そしたら、勝手に貯まってしまったんです。
たった、それだけのこと。ものすごく単純な問題なんです。
難しいことは何もない。要は、その簡単なことができるかどうかだけ。
お金が貯まる人とお金が貯まらない人の違いは、それだけなの。

26

必要以上のお金を持とうと思ったときが苦しい。だから、すべて適当な量でいいんです

必要以上のお金を持とうと思ったときが、苦しい。

それから、必要なだけないと苦しい。

魚屋は魚で商売するから、魚がたくさんある。でも、普通の家庭に、魚屋みたいに魚がたくさんあったら、大変なことになっちゃうよ。

普通の家庭には、その日食べる分の魚があればいいんです。

それ以上の魚をね、求めるから、おかしくなっちゃう。

あんまり必要のないものを求めると、苦しくなっちゃうよ。

だから、すべて適当な量でいいんです。

27

お金は絶対悪くいっちゃいけないもの。大事なものを大事にするとそれが残ってくれる

お金は絶対悪くいっちゃいけないもの。
悪いのは、悪く遣った人なの。世の中には大事なものがたくさんある。
大事なものを大事にするとそれが残ってくれる。
だから、人も大事、お金も大事、お客さんも大事です。
大切なものを大切にしたとき、それは確実に残る。
だから、お金の悪口は絶対いわないようにしましょう。
お金を大切にして、お金を残せるようにしましょう。

28

お金を持ったからって、威張るのよしな。そんなヤツからは、お金が離れていくよ

お金を持ったからって威張っていると、イヤなヤツに見える。

お金を持ったからって、威張るのよしな。

高速道路のサービスエリアなどで、ベンツから降りてきた人が、トラックの運転手に怒鳴っている。「出て来い！」って。道を譲らなかったから、それがいけないんだと。

ベンツに乗れるくらいお金が残ったのなら、今がんばっているトラックの運転手の気持ちくらいわからなくちゃ。

自分にお金がなかったころのことを忘れて、昔の自分と同じ立場の人をいじめるようなヤツは、お金を持っちゃいけない。

そんなヤツからは、お金は必ず離れていく。

29 感謝の多い人って、必ず成功する

感謝の多い人って、必ず成功するんだよ。でも「いいことがあったら感謝する」では、普通なんです。いいことなんてめったにないから、感謝が少なくなっちゃうんです。

それよりも「イヤなことにも感謝する」。

自分が失敗したときは、「あ、こういうことをすると、失敗するということがわかった」なんです。

人に騙されたときは、「ああいう人に騙されたんだ」と恨むより、騙されたお陰で、「世の中にああいう人がいるってわかった。もっと出世してから騙されたら、膨大なお金をとられてた」って「イヤなことにも感謝する」。

だから、良いこと、悪いこと、両方に感謝できる人間になるんです。

30

若い人はね、
お金なんかあまり貯めちゃダメだよ。
それより、一万円ずつ貯めるなら、
五千円ずつにしてね。
あとの五千円分は、
会社のためになる本でも読む。
それでね、会社へ行ったら、倍働くんです。
そうすれば、イヤでも出世するの。

31
お金は〝いいもの〟で、神さまがくれた最高のアイデア

お金というのは、ものすごくパワーのある車のようなものです。運転技術のない人が、そういう車に乗ると事故を起こす。車が悪いんではありません。

お金を悪いものだと思っているのだとしたら、それはそれで構いません。

でも、あなたがもし誰かに、「汚い」とか、「悪党」とかいわれたら、その誰かと一緒にいたいと思いますか？　お金にだって、持ち主を選ぶ権利があっていいと思う。

ちなみに私の場合、お金は〝いいもの〟だと思っています。

お金は〝いいもの〟で、神さまがくれた最高のアイデアだとね。

神さまの思いやりから生まれたアイデアなんだと。そう思えば、悪口はいえないはずです。

もっとお金を大切にしてあげようと思うのです。

32
お金そのものに力があることはない どうやって活かすかの智恵を持ったとき、力になる

お金持ちになるのに、お金に対する価値観なんてあまり関係ない。
世間では、お金に苦しみがあるかのごとく思っている人もいるんです。
でも、お金そのものに苦しみなんてありません。
お金のことで苦しむことがあるとしたら、必要以上のお金を求め出したとき。
それから、必要なお金がないとき。
お金そのものに力があるということはない。
それをどうやって活かすかなんです。
その智恵を持ったときに、力になるんだということです。

33
「お金を遣《つか》っちゃって楽しいから、私の人生はいい人生だ」って思わなきゃね

お金を遣っちゃったっていいんだよ。

〝ムダ遣いしない心構えを教えて〟といわれるけど、ムリなの、そんなこと。

その人は、お金を遣いたいんだから。

人はね、やりたいっていい出したら、何をいってもダメ。これも自然なんだよね。

だからムリをしない。自分はそういうことなんだということで、お金を遣っちゃっていい。

そのかわり、散々遣っちゃっといて「お金が欲しい」とか「お金がないんだ」とか、
そんなことをいっちゃダメ。

お金が貯まっている人を見て、妬んだりするようなこともやめたほうがいい。

「私は、遣っちゃって楽しいんだから、私の人生はいい人生だ」って、思わなきゃね。

第3章

315 Miracle Teachings

儲けは神様がつけてくれた成績表

34

大金を持つ人は、天に味方してもらえる人。儲けは神さまがつけてくれた成績表

本当の大金を持つことになると、人の力だけではムリなんです。人知を超えたもの、神さまというか、天というか、そういうものによって、大金を持つにふさわしい人を選んでもらわなければならないから。

たとえば、車で走っているとき、だれかがこちらの車線に入ろうとする。こんなとき、入れまいとしてがんばっている人がいるよね。そういう人を神さまが選ぶだろうか。

神さまが選ぶのは、ニコッて笑って、ブレーキをかける人なんです。

大金を持つ人は、天に味方してもらえる人。

商人が魂を向上させて、正しい商売のやり方をしていると、神さまは報酬を与えてくれる。

それが儲けなの。儲けは神さまがつけてくれた成績表です。

35

商人は社会の心臓だから、商人は、しっかりお金を儲けないといけない

商人は、しっかりお金を儲けないといけないの。

なぜなら、商人は社会の心臓だから。心臓が弱ってくると、血液が流れなくなって、社会が病気になってしまう。

商人が一生懸命にお金儲けをしないとね。

商人がお金を儲けることが、悪いことであるかのように思っている人は、大きな間違い。

36

「オレはプロだ」と覚悟を決めて頭を下げるから頭が打出《うちで》の小槌《こづち》になる

商人の頭は、打出の小槌なんです。
深々と頭を下げているとお金が懐に入り込んで、いい考えも出てくるもの。
ただ、頭を下げていただけではダメ。
プロの商人は、「私はプロだ」と覚悟を決める。
そして、深々と頭を下げるから頭が打出の小槌になるんです。
サラリーマンだって同じだよ。

37

「商人だから何でもやる」と広い気持ちを持つ方が成功する

自分をあまり狭めてしまうと、いいことがない。

かつては専門でやっていてよかったときもあったけど、今の時代は専門にだけに固執していては、イチコロで負けちゃいますからね。

商人だったら、「自分は商人なんだから、商売なら何でもやる！」と、広い気持ちを持つ方が成功する。

38

いろんなことを好きになる努力が必要なんだよ。人間は好きになる努力ならできるんだよ

商人には、いろんなことが好きになる努力が必要なんだよ。
仕事を好きになる努力。商品を好きになる努力。
お客さんを好きになる努力。
こんなふうに、いろんな努力がいる。
でも、人間は、好きになる努力ならできるんだよ。
好きになっちゃえば、商売も楽しく、わくわくしながらやれるようになる。
だって、好きな物を好きな人に勧めてるんだからね。こんなに楽しいことはない。
だから、だれでも好きになる努力はできるんだよ。

39

商売を始めるときは、一円でもムダ遣いをしないでやる。儲けが出たら次の出資を考える

最初に商売を始めるときには、一円でもムダ遣いをしないでやる。
たとえば、看板は段ボール、広告は手書き、事務所は自宅でかまわない。
商売の目的は儲けを出すことだから、出金をいかに削るかにかかっている。
儲けが出たら、その金額の範囲で次の出資を考えるんです。

40
商売に「待ち」の姿勢は通用しない。自分という商品を売りつづけるしかない

田や畑を耕しているなら、秋になれば実りがある。
商いに秋はない。待っていれば収穫できるものではないんです。
その代わり、うまくやれば、商人は毎日収穫できる。
お客さんが飽きないようにさえしていれば、毎日が収穫日になる。
でも、お客さんに飽きられたら、十年経ってもムリ。三十年経ってもムリ。
商売に「待ち」の姿勢は通用しない。
自分という商品を売りつづけるしかない。
だから、お客さんの求めるものをキャッチして、
自らをそのような商品にすることが大切なんです。

41

商人は商人らしく振る舞わなくてはね。商人としての基本的態度は、人に好かれること。笑顔で人に接すること。楽しい雰囲気を作ること。謙虚さや感謝の気持ちをもった言動を心がけること。

お客さんは、楽しいことがあると思うからくるんです。だから、二十四時間いつも、商人でいなければね。

42

いつでも商人であることを貫くんだよ。お金を遣っているときも商人でいるんだよ

いつでも商人であることを貫くんだよ。道を歩いているときも商人、買い物をしているときも商人、飯を食っているときも商人。

店にいるときだけ商人じゃダメ。お金を遣っているときも商人でいるんだよ。どこかで飯を食っていて、そこの接客態度が悪いからって、腹なんか立てちゃいけないんだよ。商人として飯を食う。商人として店の人と接する。

だって、その店の人はうちの商品を買ってくれているかもしれない。これから買ってくれるのかもしれない。そう思えば、出会う人は皆、自分たちのお客さんなんだよ。

すべての人にいつも感謝の気持ちで接する。これが、商人という仕事なんだよ。

43

商人には、笑顔しかないんです。

怒った顔もなければ、泣いた顔もない。

役者なんて、いろいろな役をやらなければならないんだよ。商人はワンパターンでいいの。

それがなぜできないんだよって。

商人は、笑顔しかないんだよ。

44

知っていることも、知らないふりする。お客さんは、自分が一番偉くなりたいの

商人は、しゃしゃり出たことをしてはいけない。
知っていることも、知らないふりする。
そうすれば穏便なんです。
商人はお客さんに物を買っていただく。
誠実な人だなと思ってもらえばいいんだよ。
商人から、いちいちものを教わりたいと思っている人は少ないんだよ。
お客さんは、自分が一番偉くなりたいの。

45
商人は地位もいらなきゃ、名誉もいらない。学歴も必要ありません

いらないものを手に入れようとするから苦しい。
人間はいらないものを持ちたがるんです。
商人は、地位もいらなきゃ、名誉もいらない。
学歴も必要ありません。
地位を求め、学歴を求め、何かを求め出したときに、
人生が狂ってくる。

46

商売って、人さまからえこひいきしてもらうこと。わざわざ来たくなっちゃうぐらい可愛がってもらうこと

商売って、人さまからえこひいきしてもらうことなんだよ。
商人って、人さまからえこひいきしてもらえるような性格になること。
えこひいきしちゃいけないなんて、学校だけだよ。
商人っていうのは、お客さんからえこひいきしてもらうこと。
三〇〇メートル離れていようが、五〇〇メートル離れていようが、
わざわざ来たくなっちゃうくらい可愛がってもらえる性格になることなの。

47

商人頭と客頭というものがあるんだよ。不必要なものをギリギリまで削り落とす心構えなんです

「商人頭」になること。この言葉は私の造語です。

これはプロ意識を徹底させるために使っている言葉で、商売に不必要なものをギリギリまで削り落とすための心構えなんです。

儲からないことをするのは、商人として失格だから。

商人頭と客頭というのがあってね。商人頭になっていないから、商人をやっている人が、みんな客にされてしまう。私はこの商人頭を徹底的に貫いてる。

本社事務所は巨大なビルではない。小さな平家建ての商店で、内装もシンプルそのもの。

商売に必要なものだけ用意されている。

商売にとってムダなことは一切しない哲学が、極限まで徹底されているんです。

48

自分にお金をくれる人がお客さん

「お客さん」とは、どういう人かご存知ですか？
自分にお金をくれる人、それがお客さんです。
お金を儲けるコツは、お客さんを喜ばせること。
私はお金のことを聞かれると、
「お客さんを大切にしないといけない。お金も大切にして貯めるんだよ」
そうやって答えます。

49

サラリーマンにとってのお客さんは、勤めている会社の社長だから、社長に喜ばれるようなことに投資する

サラリーマンにとってのお客さんは、勤めている会社の社長さんです。
サラリーマンに給料をくれるのは、社長さんしかいませんから。
だから、社長に喜ばれるようなことに投資するんです。
社長に喜ばれることは何でしょう。
答えは、会社の業績がのびること、それ以外にあるわけがない。
そのために、今、自分は何が必要なのかを考え、自分に投資してください。
そうすれば、やがてあなたは、会社にとって欠かせない人間になる。

50
社長に給料をもらったらお礼をいう。全然イメージが違うよ

商人なら、お客様からお金をもらったら当然「ありがとう」っていいます。サラリーマンの人もお給料をもらったら、社長に「ありがとうございます。感謝しています」というだけで、全然イメージが違うし、社長も喜んでくれます。

人がやらないから、自分もやらないではなく、良いことは絶対やった方が得だよね。

親が子供におこづかいをあげる時も必ず「ありがとうは？」って聞くクセに、自分はできない人のなんと多いことか。

うちは大会社で社長に会う機会がないっていう人がいるけれど、ハガキ一枚でもいいから出してみな。世の中、絶対かわるから。

51

「授業中、しゃべってばかりいて、しようのない子だね」と怒られてばかりいた人は、おしゃべりが得意なんです。

人を楽しませて、おしゃべりができる人。それが商人の世界では、才能なんです。お客さんに、ものすごく好かれる、いい商人になる。

52 「あ、それは簡単ですね」と思う人は成功する

モノを売るのは簡単です。

私はね、「それは簡単です」っていうのが口癖。

「簡単なんですよ」って聞いて、「あ、それは簡単ですね」と思う人は成功者なんです。

失敗者は、何でも「それは大変ですね」とか、「それは難しいんですね」という。

何でも難しいが口癖の人は失敗者になってしまう。

結局、難しいからといって、何にもしない。

53

いいアイデアというものは、種みたいなものを頭に植えるとある日、突然「ポン！」と出てくる

「この人には、こういう商品が必要だな」
っていう、種みたいなものを、まず頭に植える。
そうすると、しばらく放っておいても、後で必ず答えが出る。
頭に入れちゃえば、勝手にその種がクックツ動いて、それを探し出す。
そうじゃなかったら、「こんなのいかがでしょうか」って、
持ってきてくれる人が出てくるんです。
一年後に出てくるものは、一年後に出てくるようになっている。
苦しもうが、何しようが、人間の脳って、そういうふうにできているんです。
いいアイデアというものは、ある日、突然、「ポン！」と出てくるもの。

54

「私はついているんですよ」と肯定的なことをいう。こういっているだけで、お得意先は「あの人に仕事を頼もうかな」という気持ちになる。

55
大手に負けちゃいけない 気持ちがまず勝たなければダメなんです

大手に負けちゃいけない。
大手が出てきたら、
袋だたきにするぞくらいの気持ちでなくちゃダメ。
まず、気持ちで負けないこと。
気持ちがね、負けちゃダメなんだ。
気持ちがまず、勝たなければダメなんです。

56

商いは、経費がかからないほうが勝ち。だから大手などに負けるはずがないんです

商いは、経費がかからないほうが勝ちです。
だから、大手などに、商店、中小企業が負けるはずがないんです。
ただ、大手が出てくると、相手が大きいので負けたような気がする。
ところが、それは気持ちの問題だけ。
相撲取りと子どもが喧嘩しているような気になってしまう。
でも、商いは相撲と同じではないのです。

57

「みなさま」という神さまの力を借りるんだよ

日本で商売する場合にだけ力を発揮する、特別な神さまがおられます。

日本には、「みなさま」という神さまが住んでいるんです。

お客さんは、ただ「いい商品ですよ」といっても買わない。

勧めるときには「みなさま」という言葉を入れないと買おうとしない。

「みなさま、こうされていますよ」

「みなさまに喜ばれていますよ」

と、「みなさま」という神さまの力を借りないと売れないようになっている。

これはお客さんに、安心感を与える言葉なの。

58 何でも「おかげさま」のおかげ。最大の神さまは、「おかげさま」

誰かに「繁盛してますね」といわれたら、
「おかげさまで」と答える。
「いい商品だね」といわれたら、
「おかげさまで」といわなきゃいけない。
何でも「おかげさま」のおかげ。
どんなにほめられても「おかげさまで」といって、決して威張らない。
これは六法全書には書いていないけど、日本に住んでいる大事な神さま。
日本で最大の神さまは、「みなさまのおかげさま」なんです。

59

自分の周りにしあわせな人がいっぱいいるから、しあわせな人に囲まれてるから、しあわせなんだよ

人間、経済的に豊かになってきたら、「もっと、もっと」と考えるよりも、「このなかで、人にできることって、なんだろう」って。

そういう生き方してたほうが自分は楽しいし、自分の周りの人もしあわせでいられるんだよね。

で、自分の周りにしあわせな人がいっぱいいるから、しあわせな人に囲まれてるから、しあわせなんだよ。

そういうしあわせをね、豊かさを、できるだけたくさんの人が感じてくれたらうれしいよね。

第4章

315 Miracle Teachings

正しい努力は楽しい

60

お金儲けは、世の中のために よいことなんです

お金儲けは、世の中のためによいことなんです。
日本人は、お金を儲ける人は悪い人だという観念があるけど、それって違う。
だって、世の中に役立っているなら、お金が儲からないとおかしいでしょ。
本当に世の中に役に立つものなら、誰でも喜んでお金を払うはず。
だから、儲けとはよいことをしたという証拠。
世の中のためにがんばっている人が、お金をもっていないのはおかしい。

61
欲から始めないとつぶれちゃうんだよ

筋道を通しさえしたらうまくいくかというとそうじゃない。
「人さまのお役に立てば、仕事は儲かるよ。繁盛するよ」っていうのは、嘘なんだよ。
だって、ボランティアだって、人さまのお役に立っているのだから。
人間ってのは、欲を神さまがくれてるんだから。
欲で始めるんだよ。欲だから、儲けようと思うんだ。
基礎は、「金を儲けたいんだ」っていうところから始まるんだよ。
欲も必要なんだ。基礎から始めないと、つぶれちゃう。

62

魅力の高まった人は、なにをやっても成功する

お客さんが来ないのは、「自分に魅力がないんだ」っていうこと。
自分の魅力を高めるために、なにをいうべきか、どういうことをするべきか。
いろんな人の相談を聞いてると、いろんなことがわかるんだよ。
でね、人と多く接すれば、こういうときは、こういうことをいって励ましたらいいって
わかる。そしたら、もっと魅力的になる。
スジを通すってことも、魅力があるんだ。
人間的な魅力を高めればいいんだよ。
魅力の高まった人は、なにをやっても成功するんです。

63

立派なことをいうより、立派な行いをしな

生きがい求めるんだったら、出世考えろって。
そのほうが生きがいって出てくる。
会社に行ったらバリバリ仕事して、隣のやつ手伝って。
いい返事して。
正道に出世することを考えるんだ。
一生懸命やってれば、楽しいんだよ。
だから、勝ち負けじゃないんだよ。
自分から参加してやるのが大好きになるんだ。

64

お金がないと愛する人を助けることができない。だから仕事をしよう

65
強運は、特別なことではない

強運って、特別なことだとは思いません。

強運って、「強運になる考え方」なんです。

強運な人って、「それを実践している人」なんです。

世間の人がいう強運は、この理論を間違えている。

強運とは、努力もなしに、いきなりすごいことが起きるのではないんです。

私の「強運理論」からいうと、「今の自分の実力より、ひとつ上のことに全力で取り組む人」が、強運を呼び寄せるのです。

でも、普通の人って、ひとつ上のことって、なぜか一生懸命になれない。

それが強運を逃しているんです。

66

天が喜ぶ人間にならないと、大金は入ってこないの

一千万、二千万までは努力でいくんです。それ以上になってくると、大金は天が与えるの。

天が喜ぶ人間にならないと、大金は入ってこない。

では、天はどういう人を好くか。

それを考えたら、自ずと答えはでてくるんです。

まず、小銭を得る努力をする。

何もしないと、何も起きない。何もしないと不幸になるだけ。

何もしないのは一〇〇％失敗なんです。

行動する中で、判断していかなくちゃね。

判断をしていくのに、勉強してないとダメなんですよ。

67
家を貧乏神の住処《すみか》にしたままで、思いを叶えようというのはムリ

「お金を持ちたい」とかね。
「商売を成功させたい」とか思うのはいいんです。
何を思おうが、個人の自由だから。
でも、自分の家を貧乏神の住処にしたままの人はダメ。
要らない物ばかりで、必要な物がない。
そういう家には、貧乏神が住んでる。
そんな人が思いを叶えようとしてもムリ。
貧乏神とは、貧乏神という神さまじゃないんだ。
浮遊霊なんだよ。

68

一生、恨《うら》みごとをいっていたのでは、一生、相手を抜けない

一生、恨みごとをいっていたのでは、一生、相手を抜けない。

相手を抜きたいと思ったら、猛然と勉強してください。

それで偉くなって、世間から、

「あなたはどうしてこんなに顔が晴れやかなんですか？」

と聞かれたときに、さらっというんです。

「たいしたことしていませんよ」

「みなさんのおかげなんです」「先祖のおかげなんです」

かっこいいでしょう？　だから、お金をしあわせになるために遣う。

遣い方を知らない人は不幸になってしまうんです。

69
望みを高きに持って、高きに向かって歩く

苦しいとき、苦しいっていっちゃダメなんです。やせがまんするんです。
それがかっこいい。こんなの、遊びみたいなもんですよって。
つらい、苦しいっていったって、よくはならないんです。
嫌なことはあたりまえなんだ、給料もらうってのはそういうことなんだって。
金稼ぐっていうのは、そういうことなんだって。
人と違うことをいって、初めて人と違う人生が始まる。
大変なのはあたりまえ。そこで大変だ、大変だっていってたら普通の人。
「こんなの大したことないですよ」っていうんです。
望みを高きに持って、高きに向かって歩く。ね？

70
正当なる努力は、楽しい

「私の人生、苦労の連続でした」っていう人がいます。

そういう人って、いつも、「この苦労を乗り越えたら、いいことあるんじゃないか」って思っています。でも、苦労すること自体、間違ってるんですよ。

努力することがいらないっていってるじゃないですか。

正しい努力は、楽しいんです。正当なる努力は、やってて自分も楽しいし、世間も認めてくれます。世間も認めてくれない、何もかもうまくいかない、そんな苦しい努力だとしたら、間違っているんです。

神さまが「今やっていることは、やめなさい」っていってる。

神さまからの、お知らせなんですよ。

第５章

315 Miracle Teachings

この世の中って真剣勝負なんです

71

心は誰でも豊かになれるんです

学歴だったら、上の学校に行けない人もいるじゃない？
今、お金がない人もいるじゃない？
だけど、心は誰でも豊かになれるんです。
そのことが、みんな、わかってくれますように。
「心が第一」の時代がきたんです。
その時代こそが、陽のあたる時代。
神さまの陽があたる時代だと、私は思っています。

72
商売というのは、お互いが得になること

人生には、仕事と日常生活しかないんだよ。
日常生活っていうのは、相手が得すればいい。
自分が一生懸命やって、みんなが得すればいい。
日常生活は、相手が得になることだけ考えればいい。
で、商売というのは、お互いが得になることなんだよ。
私だけ得をして、お客さんを損させたら続かないんだよ。

73

商売って誰でもできるんです

商売って誰でもできるんです。
そろばんと同じで、パチパチやってれば、誰でもうまくなる。
人間って、そんな生き物なんです。
器用な人って、その器用さは、神さまがくれたもの。
でも、不器用な人って、一生懸命工夫します。
だから、「不器用だから大成できない」ってことじゃないんです。

74
うまくいっている人のやり方を、まねるだけでいい

たとえ話だよ。
たとえば、丁半ばくちで勝とうと思ったら、うんと勝ってるやつを探せばいいんです。
それで、うんと勝っているやつが「丁」といえば、自分も「丁」っていうの。
「半」といえば、自分も「半」って。
要は、うまくいっている人のやり方を、まねるだけでいいんだよ。

75

この世の中って、真剣勝負なんです

お客さんてね、大切なお金を遣うんです。
大切なお金だから、買うときに迷うんです。
たくさんの商品の中からお客さんに選んでもらう。
だから、手を抜いちゃいけないの。
そこがおもしろいんです。
お客さんの期待を裏切ったらいけないの。
前のと同じレベルのものだと、裏切ってるんです。
新しく出す物は、前の物よりよくならないとダメなんです。
この世の中って、真剣勝負なんです。

76
人は必要な物より、心を高めてくれる物を求める

人は、必要な物より、心を高めてくれる物のほうを求めるんです。
心を高める商品とはどんな商品なんでしょう？
それは、「いい物で、高い物」。
そうでなければ、「安くても、品切れで待たなければ手に入らない物」。
そのような商品を作るには、常識以上の知恵をだすことなんです。
それは常識を逸脱することではないんです。
まず、使う人の気持ちを考えることが大事です。
人間は知恵をだすように生まれついている。
だから、お金をだす前に知恵をだすんです。

77

「なんか、うまい方法がないかな」なんて考えちゃダメ。

自分の手の届くところに、全力を注ぐんです。それしかありません。
そうすると、次の展開がでてきます。
そしたら、また次に上がればいいんです。
そうやれば、一生涯、登りっぱなしになるんですよ。
「なんか、うまい方法がないかな」なんて考えちゃダメ。
うまい方法ができたときには、たいがい、足をすくわれます。
うまい方法で万が一うまくいったら、また次も、になる。
次も「うまい方法ないかな」と考えるようになっちゃう。
そして、どんどん危ない方向へ転がっちゃう。

78

ひとつ上のことに全力で取り組む

「ひとつ、ひとつ、上にあがっていくのは面倒だ。
だから、どこか抜け道はないか」と思っている人がいます。
そういう人が道に迷っちゃうんですね。
サラリーマンだったら、役職が上がるごとに全力をあげればいい。
パートさんだったら、一番いい返事をするんです。
一番気合いを入れてやるんです。
上にいくと、すごい人ばっかりと思っている人がいます。
上の世界にも、あなたとうんと差があるような人はいません。
今の自分より、ひとつ上のことを、まともにやっていくんです。

79

ひとつ上、ひとつ上っていう進み方だと、歩みは少ないように見えるけど、心配いりません。

「加速の法則」っていうのが働くんです。加速の力が働いて、その人をグンと押し上げようとする。

これって、ただ単に運じゃないんです。

努力しないで、強運に恵まれたいなんて、そんなことムリなんですよ。

80
儲からない会社は三つのムダがある

会社をつぶす三つのムダがあるんです。

1．倉庫に積まれた在庫の山
2．遊んでいる社員
3．広々とした場所

商品を倉庫の中で遊ばせておくと、その商品からヒマな波動がでてくる。
多めに社員を雇うと、ヒマの波動で仕事の能率が悪化します。
広すぎるラーメン屋より、行列のできる狭いラーメン屋が儲かる。
いつも忙しい状態がいい。商品は売れたら作り、売れたら作りが大事。
そして、仕事が順調でも、仕事場を一気に大きく改装しないこと。

81

自分のところの経営を、数字に置き換える

商人でも、腕の悪い商人ほど数字に置き換えないんです。
自分のところの経営を数字に置き換えれば、状態が正確にわかるんですよ。
経営的戦略からなにから全部、数字に置き換えればわかる。
数字というのは冷静で、感情が入らない。
だから、感情に流されそうになったときに、数字に置き換える。
それをしないから、ダメになっちゃうといいたい。
たとえば、自殺者が年間三万人以上います。
なのに、原発のほうが騒がれている。私は別に原発推進者ではないですよ。
恐怖が起きたとき、数字に置き換えないと、恐怖はますます広がるんです。

82
自分にはできなくても、脳にはできる

脳はね、一万円稼ぐのも、一〇〇万円稼ぐのも、
おんなじなの。
ただ、その人が言っていることや、
思ってることだけを
引っ張ってくるだけなの。
脳はすごい力がある。

83

「働き者を雇う」と「性格のいい人を雇う」。この二つ

私が会社を作るときに、一番考えたことは、「日本一の会社になりたいけれど、少人数でやりたい」ということです。

あと、「まかせられるしっかりした人材を作りたい」ということ。

そんなことはできないと、みんなにいわれたんです。

でも、今、私はそれが可能になっています。いい方法が見つかったんです。

まず、「働き者を雇うこと」。

あと、「性格のいい人を雇うこと」。

うちの会社で、「社長が毎日、会社に来ないで頭にくる」っていう人、ひとりもいません。

84
数字、いってる言葉、笑顔。みんなすてき

すてきな人って、言ってるだけじゃダメなの。
よそが不況でも、ちゃんと売り上げ上がってますって。
数字もすてきじゃなきゃダメなの。
数字もすてき、いってる言葉もすてき、笑顔もすてき。
私たちは、神さまにすてきになって帰ってくるって約束して出てきたの。
これが神さまと約束した筋道なんだよ。
魂の成長ってなんですかって？
平らにいえば魅力的になることなの。
すてきになって帰るの。

第6章

315 Miracle Teachings

勢いをつけるには、仕事を一気呵成《かせい》にやること

85

「暇《ひま》な波動」がお客さんを遠ざけてしまう

人間には、人の出している波動を感知する能力があって、同一の波動はたがいに引き合うという性質を持っている。だから、言葉や考え方の波動が同じような人は、その波動を好む人を吸い寄せる。また、ある波動が原因となって、その波動にふさわしい出来事が呼び寄せられたりする。波動は音楽のようなもので、心がある音色を出していれば、その音色に同調するような事柄が集まってくる。同じ波長同士は引き合うということね。

だから、「忙しい波動」と「暇な波動」があって、注意すべきは「暇な波動」です。この波動はお客さんを遠ざけてしまうから。お客さんは敏感だから、そうした波動が出ている場所に近づかない。「暇な波動」をできるだけ出さないようにすれば、よい業績が期待できるんです。

86

悩むヒマさえないんですよ

ひとつの問題で一年も悩んでいるとか、半年も悩んでいるとかいわれると、
「ヒマがあっていいなあ――。
よく、そんなことで悩んでいられるだけの環境を与えられているなあ――」
と思っちゃうんだよ。
こっちは、パッパ、パッパ片づけていかないとね。
「ハイ、こっち。ハイ、あっちやって」
とかって。それしかやっていられない。
悩むヒマさえないんですよ。
せっせとやるしかないんです。

87

勢いをつけるには、仕事を一気呵成《かせい》にやること

景気のいいときに、景気のいい話をするのは当たり前。そうじゃなくて、景気の悪いときに、景気のいい話をするのが大事なの。忙しい波動にお客さんは引かれるから、できるだけ勢いをつける。勢いが波動を高めるから。これは、普段の川の流れと堤防を決壊させる鉄砲水との違いのようなもので、勢いがあるとエネルギーが大きい。

勢いをつけるには、仕事を一気呵成にやること。返事をテキパキすること。勢いのある人だけを雇うこと。勢いをつけて「これで元気になりますよ！」と大声を出せば、勢いがお客さんに伝わって、お客さんが元気になりやすくなる。

みんながやる気のないときに、やる気を出すから光り輝く。

勢いをつけて波動を高めることを覚えておけば便利なんだよ。

88

執着して、執着して、執着するんだよ。
熱入れて、熱入れて、熱入れるんだよ。
考えて、考えて、考え抜く。
そしたら、お客さんがひとりでも入って来るんだよ

89

「重続《じゅうぞく》は力なり」ってやってきたことを経験として次々と重ねていくんだよ

仕事は「継続《けいぞく》」しないで、「重続《じゅうぞく》」するもの。

この重続という言葉は、私の造語です。

よく「継続とは力なり」といいますね。

私は「重続は力なり」だと思っているんです。

つまり、「重ねる」ことを「続ける」と、それが力になるという意味。

単に同じことを同じようにやるのではない。とりあえず、さまざまなやり方を試してみる。

やってきたことを経験として次々と重ねていく。

そういった経験を活かし、さらに変化をつけて仕事のやり方を改良すれば、能率は上がるし、よい結果を生み出すし、仕事の方法が熟成されていくんです。

90
役に立たないことに、時間をかけるのをやめな

役に立たないことに、時間をかけるのをやめろって。
超能力でスプーンを曲げてみたって、それが何なんだよって。
それをいいたいんです。
手でこすっただけで、ほら、曲がったって。
曲がったから、何なんだってということ。
現実に役に立たないものを見せられたとき、「それが何なの？」とね。
それよりすごいもの、いっぱいあるよ。
なぜ、そっちに感心しないの？

91

今済んだ試合より、次の試合なんです

お金を持つと、人生が変わります。変わらなければおかしいんです。お金を持っているのに、持っていないと思っているヤツ、お金がないのに、あると思っているヤツ、これもちょっとアホかもしれない。たいがいの人は、まともに生きている。だから、お金を持てばお金持ちになれる。お金がなければ貧乏になる。自分は中間だなと思えば、中間だと思っていればいいんです。そんなこと、さっさと片づけて、仕事しなくちゃいけない。学生は勉強しなきゃいけないし、商人は金儲けしなくちゃいけない。

今、どんな状況であろうが、今済んだ試合より、次の試合なんです。今日、お金を持っていようが、持ってなかろうが、一番大切なのは、これからの試合なんです。せっせ、せっせと働かなくてはいけないの。

92

働きに行ったら、コツコツなんてケチなことといっていないでバリバリ働く。今のままでやっとの生活なんですから、コツコツ働くのが空しいなっていっていたら、大変なことになっちゃいます。

だから、もうそんなことといってられません。

もう、会社に行っても、アルバイト行っても、どこ行ってもバリバリ働く。ジャンジャン働く。

バリバリ働く。

簡単なことなんです。

93

人と同じ給料で人の倍、バリバリ働く。目先の欲にとらわれないで働く

商人には「損して得をとる」というものがあります。この意味は、人と同じ給料でバリバリ働くこと。給料を倍くれるところに「私は倍働きます」という人は、いくらでもいます。でも、そういう職場でいくら人の倍働いても、あなたの存在は光らない。だから、人と同じ給料で、人の倍働くんです。そういう人は、経営者の目には光り輝いて映る。

そして、経営者にとって有り難い人です。かわいがってあげたい。出世させてあげたいんです。だから、目先の欲にとらわれていないで働く。

お金、お金といっていないで、一生懸命働けばいいのです。

運勢をよくすればいい。そうすれば、周囲の人から、「この人は、損得抜きで一生懸命やる人だ」と思われ、頼まれごとが増えてくる。

94
速いものには需要がある。仕事が速い人は、会社で需要があるんです

「速いものには需要がある」ということは、人間にも当てはまります。
仕事が速い人は、会社で需要があるんです。需要があれば、出世する。
出世すれば給料も上がります。
給料が上がった分、貯金をすればお金はたまります。
だから、勢いをつければいいんです。
勢いをつけるのは、難しいことではありません。
職場で誰かから頼まれごとをしたとき、
「ハイ！」と返事をして、即座にとりかかる。
あなたの需要は全然違ってくるはずです。

95

実力は速さである

実力は速さであると、私は思っています。

たとえば、設計士さんに店舗設計を依頼すると、その場でアイデアを出せる人と、そうでない人がいます。

その違いはどこにあるかというと、その場でアイデアを出せる人は、依頼がくるずっと前から店舗設計を考えているのです。

「じっくりやる」というのは、普段から何も考えていない証拠です。

そして、頼まれてから考えてできた設計と、その前から考えている人が設計したものとでは、デキが全然違ってしまう。

96

人の倍は働く心構えで、仕事のスピードを上げる。抵抗が出てきたら、もっとスピードを上げる。そうすると、もうひとつ上に上がる

人の倍は働く心構えで、仕事のスピードを上げてください。ただし、これには心づもりをする必要があります。

人の倍働くと、必ず周囲から「あなたばかりが、そんなに働いてはいけない」と抵抗が出てくるんです。このとき、スピードを落としてはいけません。逆に、もっとやるのです。そうするともうひとつ上に上がる。飛行機が離陸するときと同じです。空気抵抗を受けてエンジンを噴射させるとき、上昇気流が起きて飛行機を上に上げてくれるんです。

人の倍働いて周囲の抵抗を受けたときにスピードを落としたら、上昇気流は起こらない。

「私は働くのが好きですから」といっていればいい。

これを何回か繰り返していれば、もう頂上です。

第7章

315 Miracle Teachings

仕事は選ぶものではなく呼ばれるもの

97

商売は全力で戦う最高の格闘技。エキサイティングでわくわく楽しい。

商売というのは、楽しいもの。エキサイトする仕事なんです。

商人というのは、何でもありだから。

法律は守らなくちゃいけないけど、他にルールはないから、夜討ち、朝駆け、二十四時間営業、お店の前に出店を出す、でかい声をあげるなど何でもあり。

戦う方法はいくらでもあるし、あの手、この手を考えて全力で戦う。

だからこそ、商売はエキサイティングな仕事だし楽しい。

商売はＫ１を十倍も大変にしたような、最高の格闘技なんです。

これさえ押さえておけば、毎日の仕事がわくわく楽しくなるはず。

98

商売がすごくラクなのは、真似ができるから

人それぞれ違って当たり前。
商売するにも、どのやり方がいいか、
やってみなければわからない。
やってみて成功したやり方があれば、
みんなでそれを真似すればいい。
商売がすごくラクなのは、
真似ができるからなんです。

99
知恵も、挨拶も、笑顔も、言葉も、お金がかからないよね

商売のやり方はいろいろあるけど、
大切なことはお金をかけないこと。
お金をかけると、失敗したときのことが心配になるでしょ。
でも、お金を出さなければ、やってみればいいだけ。
知恵も、挨拶も、笑顔も、言葉も、
お金がかからないよね。
思いついたらすぐできる。

100

よく「お金がないから商売に失敗した」というけど、それは間違い。
事業が失敗したのは、お金がないからではなく、知恵がないから。
知恵がないからお金がない。
お金がないから失敗する。この順番です。
だから、商売人は知恵を出して、商売を繁盛させなければいけないんです。

101
仕事は選ぶものじゃなく、呼ばれるもの。合わない仕事は、すぐやめな

仕事は喜んでするものだから、
合わない仕事は一秒たりともしちゃいけないよ。
石の上に三年いたら、お尻が痛くなるだけ。
イヤだと思った仕事だったら、すぐやめな。
いやいや働いているのは、そこの社長さんにも悪いし、自分にも悪いの。
仕事は呼ばれるんです。
呼ばれたからには、喜んで仕事をするんです。

102
商売は、スピードが命だけど頭の中は常に落ち着いていなくちゃいけない。事故を起こすからね

商売は、スピードが命です。
だけど、ただスピードが速いだけじゃダメ。
スピードが速いだけでは事故を起こすからね。
頭の中は常に落ち着いていなくちゃいけない。
冷静でなくちゃいけない。
スピードを速くして、頭が穏やかでいて、
何をしなければいけないか正しく判断することを考えていなきゃ、
商売はできないんです。

103

楽しくてしょうがないときに
ポンと出た答えは、楽しさしか呼んでこない

世の中には、実は、法則があるんだよ。

苦労しなきゃいけないと思っているヤツは、答えを求めて研究して研究して、研究を重ねる。でも、最終的な答えが出た後で、「あんた、その答えどうやって出したの」と聞くと、「実はポンと出たんです」というんだよ。

ひらめきというのは一瞬で出る。そういうものなの。

人は苦労なんかしちゃいけないと、思っている。

そのコツはいつもワクワクして楽しくてしょうがないように生きることだよ。

楽しくてしょうがないときにポンと出た答えは、楽しさしか呼んでこない。

ところが、苦しみから生まれた答えは苦しみしか呼ばないんだよ。

104
楽しく仕事をするのとラクをするとは違う。笑顔で「楽しい、楽しい」って仕事するの

楽しく仕事をするというのと、ラクをするというのは違う。
ラクな仕事を選んだ人は、就業中は時間が経つことだけを念じて、
退社時刻の一五分ぐらい前になると、帰り支度を始めたりする。
そんなふうに過ごしていても、楽しいことは訪れないよね。
笑顔で、「楽しい、楽しい」って仕事をするの。
笑顔でいれば、上司からも、同僚からも、お客さんからも好かれる。
だから、敵はいなくなる。
「楽しい、楽しい」といっていれば、楽しくなるもんなんだよ。

105

上に立つ人は電気をつける。暗くなったときは明るくし、明るいときは黙っている

「ああ、しあわせだな」っていう。

とくに人の上に立つ人は、これができたほうがいいよ。

何でって、上の人が明るかったり、暗かったりすると、部下たちがその顔色ばかり気にするようになるの。だから、上に立つ人は電気をつける。

そうしたら、しばらく経てば〝いいこと〟が起きるんだよ。

人間の心って、ころころ、ころころ変わる。

暗くなったときは明るくし、明るいときは黙っている。

そんなこと、いちいちいわなくたって、明るいの。

そういう気持ちでいれば、平均的にいつも明るいんだよ。

106

あなたの周りに、人がいるんだよ。周りの人たち、ひとり、ひとりの心に灯がともっていればいいね

周りの人に灯をつける。何でかって、マンダラというのがあるんだけどね。
そのマンダラの中心には、必ず自分がいるんです。
自分を中心にして人がいっぱいいる。あなたの周りに、人がいるんだよ。
周りの人たち、ひとり、ひとりの心に灯がともっていればいいよね。
それを明るい人生っていうんだよ。
周りが明るければ、全体が明るくなる。
ところが、周りの灯を消しちゃうヤツがいる。
やっとともっている人の灯まで、叱ったり、怒ったりして消しちゃう。
暗闇になっちゃって、しまいには自分の灯までも消しちゃうんだよ。

107
人は必要な分だけ食べてればいいんだよ。必要のないものをもって、何がすごいの？

自分に食べきれないほどの料理を出すなら、飢えている人にわけてあげる。
それが〝いい王さま〟なんだよ。
それをやらないで、人から恨まれるっていうのはちょっとアホだよね。
人は必要な分だけ食べていればいいんだよ。それが利口な生き方なんだ。
利口な生き方と、すごい生き方っていうのは違う。
すごくなる必要はないの。何ですごいと思われないといけないの？
必要のないものを持って、何がすごいの？　それが荷物になるんだよ。
そんなもの、荷物にして、ズルズル持って歩いてね。
使いもしないものを持って歩いて、人から恨まれるヤツはちょっとアホだよね。

108
「この方法で成功したよ」というものを部下に伝授。与えたら、その与えたものが、あとで返ってくる

一生懸命自分に投資し、他の人の倍働く。そして出世した。給料も貯金も増えた。それだけでもハッピーなんです。

それに輪をかけてハッピーになる方法があります。それは、あなたが今までやってきたことで、「この方法で成功したよ」というものを、自分の部下や後輩に伝授するんです。

「そんなことをしたら、下の人間に追い抜かれてしまう」などと心配する必要はない。与えたら、その与えたものがあとで返ってくるから。

これが社会の摂理というものなんです。

「自分が考えたやり方だから、ひとには教えられない」といっている人間と、一生懸命教える人間とでは、後者のほうがはるかに豊かになる。

109

魂を成長させ、死んで魂の故郷へ帰るのが天寿。仕事を通してそれをやっているんだよ

いつも魂を成長させ、死んで魂の故郷へ帰るっていうのが天寿。生きている間は、そういう遊び、ゲームをやり続けるの。遊行《ゆぎょう》といって、私たちは今世に遊びに来ているんです。仕事を通してそれをやっているんだよ。楽しいでしょ。

110

私たちの修行する場所は、〝今、ここ〟なんだよ。
〝今、ここ〟で、目の前の人に対して愛のある顔をし、愛のある言葉をしゃべる。
そして、この難しい不況の時代を乗り越える。
利益が出たら、私たちが払う税金で生きていける人が、いっぱいいるんだよ。

111

どの人の心の奥にも、だれかを傷つけたり、だましたりすることもない、美しい花が咲いている

人はみんな観音菩薩。観音さまは蓮の花にのっているけど、蓮の花って、どんなに汚い、泥だらけのところでもきれいな花を咲かせているね。

しかも、その花には泥がついていない。

人間って、この蓮の花と同じなんです。

人の心の奥には、どの人にも蓮の花が咲いている。

だれかを傷つけたり、だましたりすることもない、美しい花が咲いている。

その花を成長させる。そして天寿を全うさせるんです。

112

どんなときでも明るく考える。それができれば、今、ここを生かすことができる

どんなときでも明るく考えること。
それができれば、〝今、ここ〟を生かすことができる。
その頭脳は、仕事でも同じなんです。
本当は、世の中のモノなんて何にもないんだよ。
宇宙エネルギーが集まってできたものなの。
修行が終わると分解する。
でも、魂だけは残るんです。

113

一生懸命やっても好かれない人、
うまくいかない人っているんだよ。
そんな人は、自分が楽しそうにやってるか
どうか考えてみて。
心から周りの人の仕事を手伝ってやりたい人は、
必ず楽しそうにやってるよ。

第８章

315 Miracle Teachings

成功に向かって歩いている人が成功者

114

成功するには、「困ったことは起こらない」と考えるだけでいい

成功するためには、ただ、直立して歩いてみればいいんです。ただ、「困ったことは起こらない」と、考えるだけでいい。逆立ちをしていたのでは、苦しいだけです。

神さまは、私たちを苦しめようとはしません。

神さまは、私たちに、与えて、与えて、与え尽くしているんです。

だから、困ったことは起こらないんです。

困ったことが起きたとき、「本当に、このことで私は困るのだろうか」と考えるのです。

困った出来事が、本当は困ったことではないんです。

そう気づいたとき、あなたの魂のステージが上がる。

困ったことは、魂のステージを向上させる神さまからのプレゼント。

115

成功とは「どんな口ぐせを持っているか」だよ

人が成功するかしないかは、人相に現れる。
その人相とは、考え方なんだよ。
怒っているやつは、怒ってる顔になる。
妬《ねた》んでいるやつは、妬み顔になる。
そんな顔、好かれるわけない。
だいたい、人に好かれないこと自体が失敗なんだよね。
「この人に、すべてのよきことが雪崩のごとく起きます」
って、言いぐせつけてると、人の幸せ願ってるから人相が違ってくる。
人相から変えないと、成功できないんだよ。

116

苦労と成功は別

「成功するのに、苦労なんかいらないんだから」というと、世間の人は、「苦労しないで、どうやって成功するんですか。教えて欲しい」といいます。

私はもう一度、同じことをいいます。「ねえ、この苦労、やめにしようよ」

確かに、人生には大変なことがたくさんあると思う。

だけど、よく整理してごらんよ。子どもの頃の苦労と大人になってからの苦労は違う。

苦労と成功は、別なんだよ。

幸せな考え方をする人は、必ず幸せになれるんです。

苦労の先になんか、苦労しかないよ。

苦労は止められるんだ。そうしたら、幸せになれるんだよ。

117

人のいうことを聞けないと成功しない

成功しないのは、自分の問題なんだよね。

人のいうことを聞けないから、成功しないんだよ。

人が話してくれたら、じっと聞いてて、「この人、私のために一生懸命しゃべってるんだな」と、じっと聞くんだ。

納得いかなくても「ありがとうございました。いい話聞きました」っていうのがほんとうなんです。

じいっと見て、この人が愛の人かどうかを見抜く。

愛でしゃべってくれてるんだったら、「ありがとう」なんだよね。

118

仕事って、それ自体、人を助けてくれる

「仕事はおもしろい」って、みんなに思って欲しいんです。
なぜって、「仕事はおもしろい」と思えたら、成功したも同然なんです。
ほんとうに仕事はおもしろいかどうか、私は知りません。
けれど、人生でつらいことがあったとき、仕事ってそれ自体、人を助けてくれる。
仕事に集中していれば、気がまぎれるからね。
いろいろやることがあると、あれやこれや忙しい。
その間は、悲しみを少しでも忘れることができますね。
仕事って、そういうところもあると思います。

119

「仕事がおもしろい」ってわかったら、もう成功者

仕事がつまらないっていうけれど、仕事っておもしろいんだよ。
たとえば、繁盛店ではお客さんが喜んでる。
人が喜ぶことをなぜしない。
自分の仕事でお客さんを喜ばせることを、なぜしないんだ。
看板はどうしたらいいんだろう。
お客さんがきたら、どうしたらいいんだろう。
考えてみなよって。
仕事も遊びのうち、仕事もゲームのうちと思って、楽しんでやる。

120

自分でやりたいと思ったことは、自分で決めていいんだよ

常識だとか、皆がいうからとか、関係ないの。
我慢なんかしなくていいんだよ。
自分でやりたいと思ったことは、自分で決めていいんだよ。
今までそう思わなかったのなら、今、気づいて、これからそう思えばいいんだよ。
苦労はもう終わりなんです。
変わろうよ。そうすれば、人にもっと優しくなれる。
人に優しくなれたら、もっともっと幸せになれるんじゃないかな。

121

仕事の成功だけじゃつまらない。やっぱり仲間だよね

人間って、仕事の成功だけじゃつまらないよね。
やっぱり仲間だよ。
いい仲間がいてさ。ともに話し合えて。
好きでいっしょにいたいっていうのが、ほんとうの仲間だよね。
それが一番いい、健全なつきあい方なんです。

122

成功に向かって歩き出してる人が成功者

人は、できないから魅力がないんじゃない。
できないことが、ひとつでもできるようになったとき、すごく魅力がでてくる。
「私はできないから、やらない」じゃない。
やらない言いわけにしちゃダメなんです。
「深い井戸ほど、水はきれい」なんです。
もうひと掘り、もうひと掘りってやり続ける。
成功に向かって歩き出してる人を、成功者っていうんです。

123

人生の節目がでてきたら、あきらめずにコンコンたたく

「人生の壁」って、「竹の節目」と同じです。竹の節目と同じだから、ひとつ節目を突き抜けると、しばらくはスーッと上がる。そうするとまた、新しい節目がでてきます。

でも、みんな、途中の節目を抜くのをあきらめちゃうんですね。

「節目がたくさんあって、これ以上はもういけない」って。

だけど、竹って、節目がないと、弱くてつぶれちゃうんですよ。

私だって、いままでいくつも節目があったんです。

壁の乗り越え方は、時代も条件も違うから、人それぞれなんです。

ただ、いえることは、どんな人生にも、節目（壁）はでてくるということ。

節目がでてきたら、あきらめずにコンコンたたくこと。たたき続けること。

124
自分だけは、正しいことをやり続ける そうすると奇跡が起きてくるの

要は、自分だけ、やり切ればいいの。
世間ができていようが、できていまいが、そんなことどうでもいいの。
親ができていようが、できていまいが、そんなこと知ったことじゃない。
友だちができようが、できまいがどうでもいい。
自分だけは、正しいことをやり続ける。
そうすると奇跡が起きてくるの。

125 自分のことを大事にしてるから、他人も大事にできるんだよ

何か、みんな勘違いしててね。

自分のことをかまわないで、他人のことをかまう。

そんなことばかりしている人のこと、偉いって思ってるけど。

自分ができないことを、他人にできるわけがないんです。

自分のことがちゃんとしていれば、他人をかまってあげられる。

自分のことを大事にしてるから、他人も大事にできるんだよ。

自分を大切にしない人は、他人からも大切にされないの。

126

人のために一生懸命したことが、自分のためになる

「お金がないから、仕事ができない」という人がいるけど、アイデア（知恵）がないから、うまくいかないんです。

だから、そういう人に会ったら、お金を貸すのではなくて、「どうしたらいい知恵がでて、仕事がうまくいくようになるか」って話を一生懸命します。

私の知っていることを、一生懸命、教えるんです。

わかりやすく、一生懸命、説明します。

そうやっていると、相手がわからなかったとしても、自分がさらにわかるようになる。

だから、人のためにした話が自分のためになるんです。

127 人は、人に恵むようになったときに初めて救われる

昔、お釈迦さまが、これから托鉢にでかけようとするお坊さんに、こんなことをいいました。「貧しい人のところを回りなさい」と。そのお坊さんは、インドのスラムのようなところを回って歩きました。そうすると、自分たちもろくに食べられないような人たちが、ちょっとずつごはんを恵んでくれるんです。ひとりがスプーン一杯ぐらい。それで、何カ所も回ると、やっとお茶碗一杯ぐらいのごはんになる。

お釈迦さまは、なぜ貧しいところを回りなさいといったのか。「貧しい人は、もらうことばっかり考える。それでは何も変わらない。人は、人に恵むようになったときに初めて救われる」貧しさに苦しんでいる人でも、スプーン一杯でも人に恵むようになったとき、その人の運勢が変わるんです。

第９章

315 Miracle Teachings

みんな幸せになるために生まれてきた

128

「言霊《ことだま》」のエネルギーをフル活用すれば、運に勢いがつく

言葉は「言霊」というエネルギーを持っています。
そのエネルギーは、波動となって伝達されます。
そのエネルギーを使うか使わないかによって人生に大きな違いが出てきます。
幸せになりたいとだれもが願っているでしょう。
それを達成するために、言霊をフルに活用することです。
どんなときでも、「ついてる」という言葉を言いましょう。
それが運に勢いをつける一番いい方法です。
「ついてる」と言うだけですから、簡単でしょう？

129

「ついてる」と言うだけで、幸運波動がやってくるから、自然にハッピーになる

「ついてる。ついてる」と言ってると、実際に「ついてる」ことがどんどん起きてきます。

なぜなら「ついてる」と言えば、幸運の波動がやってくるから、あなたの周りは「ついてる」ことでいっぱい。

いつも「ついてる」という言葉を口にしていると、知らない間にとてもハッピーになっているから不思議。

だって、本当に「ついてる」ことばかりに包まれるから、自然にハッピーになるんです。

ただ、「ついてる」と言っているだけ。

130

出会う人すべてに、
愛ある言葉を話しましょう。
愛ある言葉とは、人を喜ばせる言葉のこと。
人がイヤがる言葉を言わない。
人の喜ぶことを言うのが人の道です。
それだけで、絶対に幸せになれるんです。

131

まず、人が喜ぶことを言葉に出す。心はあとからついてくるもの

心にもないことを言うのはダメという人もいるけれど、
そうじゃないんです。
心のなかで思っていても、考えていても、
行動に出さなければなんにもなりません。
あなたはいつまで経っても変わらないでしょ。
だから、先に言葉に出せばいいんです。
心はあとからついてきますよ。

132

いつも感謝を忘れないことです。

感謝を口に出して言うと、また感謝したくなるようなことがつづけて起こるの。

それで、また感謝する。だから、感謝している人には、いいことばかり起きます。

グチや不平不満ばかり言っている人は、感謝の心のない人。そういうのを「魔寄せ」と言います。

魔を寄せつける人には、つきがありません。

133
ついてないときでも、ついてると言うトレーニング

あなたが自転車で道路を走っているとき、石ころにつまずいて転んで路肩に投げ出されてしまった。

脚は痛いし、ヒザがすりむけて血が出ている。

そんなときは、「痛いなあ。ついてないなあ」とつい、口から出てしまいますよね。

でも、ついてる人ならこう言っちゃいます。

「骨が折れなくてよかった。ついてる。ついてる」

心のなかでついてないと思ってもいいんです。

ついてないときでも、ついてると言うトレーニング。

134
「ついてる」は、幸せを呼ぶ言葉

朝起きて、体調がすぐれないときもあるでしょう。
頭痛がするとか、胃が重いとかと感じて、会社に行くのがおっくうだなと
ため息をつきたくなる。
だったら、ため息を思う存分つけばいいんです。
ただ、そのあとですぐに、「ついてる」と必ず言う。
何度かそれを言っているうちに、ついてる波動に変わります。
体調も回復するし、仕事をするのもおっくうでなくなります。
きっと、心も体も軽くなっていますよ。
「ついてる」は心を軽くする言葉なんです。

135

お経のように「ついてる」と唱えていると、想像もつかない最高の出来事が起こってきます

ついてないときこそ、「ついてる」って言う。
そんなときでも、「ついてる」と口に出して言う訓練が大事なんです。
お経のように「ついてる」と唱えていると、
頭が勝手についてる理由を探すように働いてくれる。
すると、想像もできないぐらい最高の出来事が起こってきますから、
ダマされたと思ってやってみてくださいね。

136
「ついてる」「嬉しい」「楽しい」「感謝してます」「幸せ」「愛してる」「有難う」「許します」と、口から出そう

奇跡を呼ぶ「天国言葉」は、すごく簡単。あなたも、今からすぐ言ってみてください。心で本当に思っていなくても、いいんです。言霊となって神さまに伝達されますよ。

「ついてる」「嬉しい」
「楽しい」「感謝してます」
「幸せ」「愛してます」
「有難う」「許します」

どんどん口から出してくださいね。あなたはその時点から、ついてる人です。

137
無意識に「ついてる」っていっていたら、いつの間にか、つきが舞い込んできた

私は、本当についてる人間なだけなんです。

なぜついてるかというと、昔から「ついてる」が口癖だったから。

なぜ「ついてる」という口癖になったかと聞かれても、そんなことわかりません。

無意識のうちにその言葉を口にしてきたら、いつの間にか、つきがどんどん舞い込んできました。

そして現在に至るわけです。

ついてない人は、ただ、自分はついてないと思っているだけ。

ついてる人との違いは、たったそれだけです。

138

才能もセンスもすべて、神さまから与えられたもの。だから威張ったりしてはいけない

なにかができるという才能もセンスも、
すべて神さまから与えられたものです。
だから威張ったりしてはいけない。
それらを神さまに与えてもらったことに感謝すべきなんです。
人間はとかく人より優れたものを持ったり、
手柄になるようなことをしたりすると、
自分の力で成就したと思って、ごうまんになりがちです。
でも、ごうまんになったとき、人生のツキはなくなります。

139

生きているこの世は物質の世界、三次元の世界です。
この世での願いをかなえるには、行動しなければなりません。
ただし、イヤイヤする努力は長続きしないので結局はダメです。
だからこそ、楽しみながら行動するんです。

140

この世には「宇宙の法則」がある

成功したいと思ったら、神さまの意思に従うことなんです。

この世には「宇宙の法則」があります。それは、絶対的な存在を意味します。

つまり、すべてがこの法則に従って動いているということで、その絶対的存在を私は神さまと呼んでいます。「宇宙の法則」は、神さまがつくったルールですから、人はみなそのルールに従えば、成功することができるようになっています。

そのルールとは、自分も楽しみ、周りの人にも喜ばれることです。

神さまがつくったルールと異なる行動をするとき、人は不幸になります。

そして、死んでから帰るあの世は、魂の世界、想念の世界です。

そこでは、願いごとは全部かなえられます。

141

大自然は神さまの創造物。大自然に逆らってはいけません。人間は、神さまがつくったものの中で生かしてもらっているだけです。

大自然は、神さまの創造物。人間がそれに逆らう愚かな行動をしたとき、さまざまな天災が起こります。

天災は神さまの仕業ではありません。

人間の愚かさが、しでかした結果なのです。

142

現世でどう生きるかを自分で決めています

私たちの魂は、あの世にいる間に、
現世でどう生きるかを自分で決めているんです。
だから、この世の出来事はすべて偶然ではないの。
あの世でちゃんと青写真を描いてきたんです。
通常、前世のことを忘れて生まれてくるのは、
現世の修行のさまたげになるからです。
いずれにしても、しっかり生きて、
しっかり死ぬことが大事なんですね。

143

心の中に御柱を立てるとは、使命感を持つということ

私たちの日常生活で心の中に「御柱《おんばしら》」を立てるとは、自分のやっていることに使命感を持ちなさいということです。

たとえば、お店で皿洗いを仕事としている人なら、お客さまの健康のために、少しでも洗剤が残らないように、手間ひまかけてもきれいに洗い流そうと心がけること。

自動車部品を造っている仕事なら、自分がその車を守っているのだと自覚して、人命を守ろうと努力すること。そういうことが使命感です。心の御柱を立てるということなんです。

自分の心の中に御柱を立てて生きている人には、なぜかいいことばかりが起きます。

いいことが起きないという人は、心の御柱が立っていないからなんです。

144 使われていない潜在意識を開発していけば、魂がどんどん成長していきますよ

人間の脳には使われていない意識、潜在意識があります。私たちが使っている意識は約一～二パーセントしかなく、残りのほとんどは脳の中で眠っているそうです。

その潜在意識を開発して活用すれば、もっとできることはたくさんあります。

たとえば、これまで自分だけ幸せだったらいいと考えていたなら、ちょっと角度を変えてみるんです。人を幸せにするには、どうしたらいいかなあって。

そうすれば、簡単に答えは出てくるでしょ。

たとえば、相手の立ち場になって考え、思いやりを持って接すること。相手が喜ぶことを言い、行動すること。そんなことが自然にできるようになることなんです。

少しずつその意識を開発していけば、魂がどんどん成長していきますよ。

145
心や魂は傷つくものではない。考え方に傷がついているだけ

よく、「心が傷つく」とか「魂に傷がついた」とか言いますね。
でも、心や魂は傷つくものじゃありません。
なぜって、人間は「神さまの分け御霊」をいただいているから。
それは愛と光の魂なんです。
その愛と光こそ、私たちの生命体です。
だから、愛も光も絶対に傷がつかないようになっている。
それは考え方に傷がついているの。
心や魂には傷はつかないんです。
あくまで考え方なんです。

146

私たちは前世でやりとげられなかった修行を、現世でやっているだけです

魂のレベルで、いろいろ考えてみると悩みが消えます。
人間は何度も生まれ変わります。
生まれ変わって、少しずつ魂を向上させていきます。
その修行のために、この世に生まれ出ているのですから。
私たちは生まれる前にあの世で、すでに自ら親を選択しているの。
どの親が一番、魂の修行がしやすいかとね。
前世でやりとげることのできなかった修行を、現世でやっているだけなんです。

147

魂は上へ行こうとするものです。魂が一歩グレードアップしたら、解決します

魂は、ただ上へ行こう、上へ行こうとするものなんです。

自分の魂を、普通よりも一歩グレードアップさせたい、そう思っている人がほとんどでしょう。

魂が一個グレードアップしたら、あなたの周囲のことはすべて解決してしまいます。

そのためには、マイナス要因を含んでいる言葉は言わないことなんです。

「楽しく生きようね」「仲良くしようね」「信じてるよ」などは、グレードアップさせる言葉です。

148

すべて魂の修行だと考えれば、悩まなくてもいい

親子、兄弟姉妹の関係が難しいのは、縁が強いから。
現世では仲が悪い兄弟が、前世では親子だったかもしれません。
この関係は逃げられない、修行の中でももっとも大事な修行なんです。
だから、すべて魂の修行だと考えれば、あまり悩まなくてもいいのです。
もし、この世でできなかったら、来世に持ち越せばいいし、
来世でやればいいんです。
あまりムリをしてはいけないの。

149

人間はみな、神さまの愛と光でできている

人間はみな、神さまの愛と光でできています。
だから、みんなが観音菩薩です。
みんな幸せになるために生まれてきたんです。
自分が観音さまだと、気づいていない人が多いから、
そんな人たちに観音さまとして生きることの素晴らしさを教えてあげる。
それが最高の神さまのお手伝いですね。
結果、奇跡のようなつきがその人たちにも起きてきます。
観音さまを天使と言いかえてもいいですよ。

第10章

315 Miracle Teachings

自分の損になることは一度でも考えたらダメ

150 自分の〝意思〟でいくらでも幸せの方に心を向けられる

人は放っておくと、自分にとって最悪の状況を考えるようになっています。
身を守る防衛本能として、「不安」がわきあがってくるようになっているんです。
不安に行きそうな気持ちを、幸せのほうへ向けるには、〝意思〟でもっていく。
何が起こって、幸せなことを考えるように〝意思〟で持っていくんです。
「何かいいことがあったから幸せ」なのではありません。
毎日の生活の中での小さなこと、みんながあたりまえと見過ごすこと。
そんなことに幸せを感じて過ごすんです。
幸せなことって、どんな状況でも必ずあるんですよ。

151

自分の損になることは、一度でも考えたらダメ

自分の心というものを、不利なほうに使いますか？
有利なほうに使いますか？
それによって、人生はぜんぜん違ってくるんです。
私は、不利なほうには絶対使いません。
ただの一度だって、自分の損になることを考えません。
考えたら、ダメなんです。

152

過去を引きずって、自分を苦しめるのはやめよう

みんな過去を引きずっていて、「自分はダメな人間だ」「どうせダメだから、努力なんかしなくていいや」っていっているけど、過去を変えればいいんです。

昔あったことを、明るく、楽しい思い出に変えるんです。

過去のことなんて、誰も細かく覚えていない。

誰も覚えていないことを何度も思い出す。

そんなことをして自分を苦しめるのはやめましょう。

苦しめるより、明るく、楽しく生きましょう。

こういう考え方が、強運を招くんですよ。

153
自分で自分をほめればいいの

自分の中のエネルギーが足りなくなったら？
自分で自分をほめればいいの。
特別なことをしなくていい。
その日やったことを思い返してみる。
そして、なんでもいいからほめるんです。
自分で自分をほめていると、心が満たされてくるんです。

154

幸せって、人と分けるものじゃないんですよ。
幸せとは、その人が気づくもの。
幸せとは、その人が自分で感じるもの。
だから「幸せになろう」と思えばいい。
そう思ったら、いくらでも感じることができるんですよ。

155

不安や心配になりそうになったら、とにかくほほえめばいいの

神さまは、ものすごくいいものを私たちの体に備えてくれました。
心配や不安が湧きでてきたときに、それを制御する能力を備えてくれたんです。
それは、「ほほえむこと」。
いつも顔が笑顔でいることなんです。
口角を上げてニコッとする。
笑顔にすると、心がほっとゆるむんです。
ニコニコしているうちに、だんだん幸せな気持ちになってきます。
不安や心配がなくなるようになっているんです。
だから、不安や心配になりそうになったら、とにかくほほえめばいいの。

156

笑うから、人は楽しくなるんだよ

楽しいから、笑うんじゃないんですよ。
笑うから、人は楽しくなるんだよ。
笑いながら、悲しいことって
考えられないんですよ。
笑顔になるから、
楽しいことを考えだすんです。

157 幸せの次には、幸せがくるんです

幸せの次には、幸せがくるんです。

「こんなに幸せになっていいのかしら」

「幸せになると、次は不幸がくるようで怖い」

そういう人がいますよね。普通は「あざなえる縄のごとし」っていうけど。

なぜ、そうなるのでしょうか？

それって、「幸せになったら、次は不幸の番」って、待ってるからなんですよ。

待っているから、予想通りになってしまう。自分で不幸を呼び寄せているんです。

「今日も最高！」でやるんです。

ますます幸せがやってくる。

158

幸せになりたかったら、いま自分を不幸にしていることを、何かひとつでもやめればいい。不幸な人が、今の状態になっているのには、不幸の構成要素が必ずあるの。不幸なことを考えそうになったら、なんでもいいから笑えることを考える。不幸なことをいいそうになったら、ぐっとこらえて「天国言葉」をいうとか。

人はあなたを幸せにしてくれないの。

自分がやっていることを変える。それしかないんです。

159

赤ちゃんの歩みみたいでも、進めばいい

人間って、赤ちゃんと同じようなところがあるんです。
最初は寝ているだけ。それがはいはいして、よちよち歩きになって。
劇的にどうにかなることって、ほとんどないんです。
赤ちゃんの歩みみたいでも、進めばいいんです。
少しずつ、じわ〜っと進めばいい。
「適当な努力は楽しいものなんだ」と、私は思っているの。

160

この世で一番必要なのは、ほめる人間なんです

人って、他人をほめたがらない生き物なんだ。
それでもって、自分のことは、ほめてほしくてしかたがない。
人に「すごい」っていってほしくてしかたがない。
ほめてほしいから、「すごいこと」をやろうとする。
あなた、人にほめてほしくてやっていませんか？
それよりね、人をほめる人生になってくださいって。
ほめられる人生より、ほめる人生のほうがいいんだよね。
この世で一番必要なのは、ほめる人間なんです。
この国に、ほめる人間がいることが貴重なんです。

161
敵がひとりもいなければ、それだけでこの世は天国だよね

太陽のように、いつも明るく輝いていようよ。
そうしたら、会う人、会う人が、みんな味方になってくれるよ。
「無敵」の人生をめざす修行だよ。
「無敵」というのは、誰にも負けないということじゃない。
敵がいないということなんです。
敵がひとりもいなければ、それだけでこの世は天国だよね。
笑って、無敵の人生を歩こうよ。

162

世話になった人を大切にすることだよ

二十一世紀は、ものすごく人情が大切なの。
心の時代なの。心の時代って、人情、人の情けの時代なんだよ。
出世してないときに助けてくれた人は、出世するとすうっといなくなる。
だけど、世話になった人のことを忘れちゃダメなの。
いい人って、すうっと消えていってくれるけど、消しちゃいけない。
向こうが下がっていったら、そこまで行って恩を返さないと。
いいときに集まってきた人間って、悪くなるとすうっといなくなる。
世話になった人を大切にすることだよ。

163
想像しただけで不機嫌になる人とは、会わなければいい

会いたくない人に会わなくてはいけない。これは、どうにもこうにも苦しいものです。
「会いたくない人」って？
それはウマの合わない人です。想像しただけで不機嫌になる人です。
そういう人とは、会わなければいいんです。
相性のよくない人とムリに会うことで、
相手のことも不機嫌にするんです。
不機嫌にならない範囲の人であれば、
会えばいいんですよ。
嫌な人とムリに付き合って、苦しい思いをしながら幸せにはなれない。

164

人間はストレスを消すことができるんです

ストレスに弱い人というのは、愚にもつかないことでクヨクヨ悩む人。

愚にもつかないことで、すぐ怒りだす人。

ストレスとは、簡単にいうと、「嫌なこと」なんです。

嫌じゃないことは、ストレスではない。

「仕事でストレスがたまった」というのは、本当は仕事が嫌だからストレスなんです。

この世からストレスはなくならない。だけど、人間はストレスを消すことができるんです。

何か嫌なことがある度に、「これはいいことなんだ」と思ってください。

「嫌なことなんだ」と思う前に、「これはいいことなんだ」って。

そう言えば、今日一日、いい日になっちゃう。本当なんです、これ。

第11章

315 Miracle Teachings

かっこよくないとダメだよ

165

魅力的なことをいっていると、魅力の貯金ができる。〝いいこと〟が起きる人は、魅力的な発言をしている

「不景気ですねぇ」一回ぐらいは、いったっていいんだよ。だけど、不景気だ、不景気だって、しょっちゅういう人がいる。

政治が悪いから、官僚が悪いからといっていると、魅力がないんだよ。

それより、「いくら不況っていったって、何も買わないわけじゃないんだし、繁盛してる店もあるんだから、ウチもがんばんなくちゃね」って、いったほうが魅力的だよね。

魅力的なことをいっていると、魅力の貯金ができる。〝いいこと〟ばっかり起きる人っていうのは、魅力的な発言をしている。そして、宇宙貯金を貯めているんだよ。

イヤなことばっかり起きる人って、魅力のないことばっかりいっている。

だから、借金ばかりしているんだよ。

166

人に何かよいことがあったら「よかったね」といえれば、心は豊か。豊かさは癖になりやすい

貧乏な人には貧乏波動があるの。貧乏な人に限ってすぐ「うちは貧乏だから」といいたがる。人間にとって、言葉ってとても大事なものだからね。

言葉は言霊だから魂がある。言葉は波動だから、貧乏な波動も言葉になって伝わる。

貧乏波動というのは、心の貧しさのことなんです。

人に何かよいことがあったら、「よかったね」といえれば、心は豊か。

それを素直に喜べなくて、妬《ねた》んだりするから、くだらない悪口になる。

この心の貧しさが貧乏を呼んでしまう。

豊かさは癖になりやすいんです。よく「勝ち癖」とか「成功癖」とかいわれるけど、
貧乏もまた癖になりやすい。

167

波動というのは広がる。消えないんだよ

豊かな気持ちになって、豊かな言葉をしゃべる。そうすると、この波動が広がっていって、何倍にもなって返ってくる。

同じように、貧しい気持ちでしゃべった悪い言葉も、その波動が広がっていって、何倍にもなって返ってきてしまうんだよ。波動というのは広がるの。消えないんだよ。

悪口をいった人はいったそのときだけで済んでいると思うかもしれないけれど、自分が忘れた頃になって戻ってきて、それは物すごい勢いで返ってきてしまう。

悪口をいわれた相手はもう目の前にはいなくなっているけれど、出した本人に全部返ってくるからね。

貧乏波動は変えなきゃいけない。それには、言葉を変えるしかないんだよ。

168

商売もまた修行。学び続けるんです。生きているうちに学び続けて、自分の魂のレベルを向上させる。

そのためにはいつでも、「自分はしあわせだ」と思える人間になることなんだよ。その場、その場でしあわせになれる。それができたら、自分の周りにいる人にも愛情を注ぐ。そして、しあわせのおすそわけをする。これが大切なこと。

169

必要のないものを求めると、苦しくなってしまう。適当であればそれでいい。それで人生、ハッピー

中国にある揚子江という川に、カワウソが生息しているらしい。

中国人はこんなことをいうそうです。「あのカワウソは、揚子江の水をすべて飲み干そうとしない」そんなことをしたら、お腹がパンパンになってしまう。それどころか、死んでしまう。カワウソは、自分が飲める分だけの水を飲んでいる。

だから、生きていられるんです。

お金でも、何でもそうです。

必要のないものを求めようとすると、苦しくなってしまう。

だから、私は、適当であればそれでいいんだと思っています。

それで人生、ハッピーなんです。

170

うまくいかないことがあったとき、自分のやり方に何か間違いがあると思えばいい

「成功するには苦労はいらない」「人間は、みんな、しあわせになるために生まれてきたんだから」「苦労しちゃいけない」これが私の持論です。

成功していない人の話を聞いていると、たいがいは間違ったことをして苦労していたの。たとえば、こんな間違いです。見栄をはらないでいいときに見栄をはってしまう。収入以上のお金を使ってお金に困る。自分が得意ではないことを仕事にしている。

成功している人の話を聞くと、自分が得意なことをして成功している。自分が得意なことは、その人にとっては簡単なこと。だから、苦労はしていないんです。

何かうまくいかないことがあったとき、自分のやり方に何か間違いがあると思えばいい。

そして、その間違いを正せば、苦労はなくなります。

171

我の強い人はトイレを一生懸命掃除するといいんだよ。

トイレ掃除を毎日やっていると、そんな我が流れていって、良いことを素直に聞けるようになる。

「我の強い奴はトイレを磨け」というのは、昔から日本の商家にあったやり方なんだよ。

172
一億円稼ぐより、百万円損をしないほうが大切

商人というのは、損をしないことが一番大事。

だから、ケタの違うお金儲けに目がくらんだりしてしては絶対いけない。

こんな儲け話には、必ず裏がある。儲け話に目をくらまされないことにさえ気をつけていれば、商売で最大のワナの一つを回避できるんです。

一億円稼ぐより、百万円損をしないほうが大切。

次に、儲けることが大事。

会社の場合なら、つぶれないことのほうが大事。

173

成功は、目と足なんです。目と足を使って〝いいこと〟を真似て、悪いことは真似しなければいい

成功は、目と足なんです。

あなたがもし、自分で商売しているのだとしたら、繁盛しているお店を見に行けばいい。

なぜって、商人には、実験室というものがないんですよ。秘密というものがないんです。

お店に行けば、そこの人たちは、あなたを歓迎してくれた上に、接客のし方から、内装、商品ラインナップ、すべてを見せてくれる。

目と足を使って、〝いいこと〟を真似て、〝悪いこと〟は真似しなければいい。成功しない人は、頭で考えてる。頭だけを使うっていうのは、やめたほうがいい。

それより出かけていく。繁盛してる店を見る。

それで、食べてみて研究すればいい。それだけなんです。

174

収入を十倍にするには、十倍仕事を簡単にする

考え方の転換をする。

収入を十倍稼ぐのに十倍頑張ろうと思っても、一日二四時間なんだからそれ以上頑張れるはずがない。仕事を十倍難しくしようと思っても、今でも相当難しいことをしているのだから、十倍も難しくできない。

だから、今の仕事を十倍簡単にやれないかを考える。その方法を探す。

それが見つかれば、稼ぎを十倍にできます。

そのためには、これまでのやり方のまま、仕事の量を増やそうとしても不可能で、仕事の質を変えるしかない。これまでより十倍仕事が難しくなると考えたらダメ。

頭を切り替えて、これまでの仕事を十倍簡単にする方法を考えるんです。

175

何でも「我慢、辛抱だ」って、やらなくていい。その人にピタッと〝はまる場所〟が必ずある

何でも我慢、辛抱だって、やらなくていい。
自分が生きやすい場所がどこかにあるから。
その人にピタッと〝はまる場所〟が必ずある。
窮屈だと思ったら、努力と根性なんていっていないでね。
自分が〝はまる場所〟へ行くの。
人は何度も生まれ変わるんです。

176
頼まれたことで、自分ができることはイヤがらずにやる。できそうなことなら、一生懸命やるだけ

頼まれたことで、自分ができることはイヤがらずにやる。

できないことを頼まれたら、見栄《みえ》をはらずに「できない」っていうしかない。

「今すぐコンピュータやれ」

っていわれたら、私にはできない。

でも、できそうなことなら、一生懸命やるだけ。

177

頼まれたらニコッと笑って、元気よく「ハイ！」と返事

頼まれごとをしたときは、ニコッと笑って、元気よく「ハイ！」と返事。

一生懸命それをやり、

「私は食べて行くお金があればいいですから」

とかいって、淡々と勢いをつけていけば、出世間違いなしです。

そういう人が独立すれば、周囲の人は、

「あの人に頼めば快く引き受けてくれるから、あの人に頼んでみよう」

となる。

独立後も、仕事がつつがなくいく。

178

プロとは、速く動いて気持ちが冷静な人

経済の時代って何ですかっていうと、全員が経済を学ぶ時代だということ。
経済と生産性がともなっていること。
要するに、速く動いて気持ちが落ち着いている人なんだ。
で、そういう人のことを世間では〝プロ〟と呼ぶ。
プロの板前さんは、オーダーがいっぱいきて忙しくなっても、さっと動く。
包丁を持って指を切ったりしないかなと思うけれどね。
そんなことはないし、砂糖と塩を間違えたりなんてことはない。
プロのサッカー選手だって、気持ちは冷静なんだけれど、体は速く動くんだ。
緊迫した状況の中で冷静に体を動かし、的確にシュートを決める。

179

自分の温度を沸騰点に到達させていく。鍋が一〇倍大きければ、沸騰させるのが一〇倍大変なんだよ

魅力ある商人、魅力あるサラリーマンとは、沸騰点に達した人のこと。
だから、自分の温度が一〇〇度になるようにしないといけない。
自分の温度を沸騰点に到達させていく。
鍋が一〇倍大きければ、沸騰させるのが一〇倍大変なんだよ。
ということは、鍋をちっちゃくする。
鍋がちっちゃければ、すぐ沸騰するからね。
店を広げるなっていうのは、そういうことなんだよ。

180
かっこよくないとダメだよ。最終的にかっこいいヤツに人はついてくる

かっこよく生きるって、取り繕《つくろ》って生きることじゃないよ。

たとえば、部下の手柄《てがら》について、上層部の人に、

「これはあいつの手柄です」

っていう。逆に、下の人が失敗したときには、

「これは私の責任です」

っていっている人のほうが、下の人から見てもかっこいい。

本当のかっこよさって、自分の人生を映画にしたときに、
自分がかっこいい主役になれるかどうかだと思う。

かっこよくないとダメだよ。最終的にかっこいいヤツに人はついてくる。

181

私は自分自身をやっつけている。そして、上へ、上へと上がっていければそれでいい

男って、完全に誰かからやっつけられないと、マイッタしない。
だけど、私は人をやっつけるのが嫌いです。
人をやっつけたって、何もいいことはない。
誰かから恨まれるぐらいでしょ。
だから、私は自分自身をやっつけている。
そして、上へ、上へって上がっていければ、それでいいと思っている。
魅力は、あとからプラスされるものだから。
だから、諦めることなくプラスしていけばいい。限界はないの。
そうやっていれば、商売でも何でもうまくいく。

第12章

315 Miracle Teachings

試練とは心を試験して練り上げること

182

失敗しても「小さな成功だ」と自分にいい聞かせる

失敗は大失敗の母です。なぜなら、失敗をいくら集めても失敗にしかならないから。

「失敗した」といっていると、だんだん暗くなるでしょ。

「今度は失敗しまい」と思うと、萎縮してしまうのがオチ。

そうなると、失敗するのが怖くなる。

すると、ますます萎縮するから、どんどん失敗が続く。それで大失敗になってしまう。

だから、うまくいかなくても失敗したと思っちゃダメ。「それは失敗じゃない」と考える。

こう自分にいい聞かせる。

「これは小さな成功だ」

この考え方が成功するコツなんです。

183 何かが起こったとき「責任は一〇〇%自分にある」と考えると、ものすごく簡単に自分を改良できる

「責任は一〇〇%自分にある」と考える。

すると、お客さんに対して笑顔ができていなかったのではないだろうか、挨拶ができていなかったのではないだろうか、など改良すべき点が思い浮かびます。

何かが起こったとき、「一〇〇%自分が悪い」と思えば、ものすごく簡単に改良点が見つかり、ものすごく簡単に自分を改良できる。

改良点を発見するコツは、

「自分も楽しくて、周りの人も楽しくなるためには、何をしたらいいのか」を考える。この答えが見つかったとき、心がパッと明るくなります。

184
相手を自分の味方にする。これが最高の成功の法則

会う人、会う人を敵とみなして、戦う必要なんてないんです。
相手を自分の味方にする。これが最高の成功の法則。
会う人を自分の味方にするって、そんな難しいことではない。
知恵を出す必要もない。
いつもニコニコしていて、明るくて、思いやりがあればいい。
それを、誰かれ見境なく、
「知恵出せ、知恵出せ」
っていうから、おかしくなっちゃうんだ。

185
商人は、神さまぐらいの信頼がなければお客さまからお金をいただくことができない

人生というものは、他人が決めるんですよ。

あなたがもし、お店をやっているとしたら、あなたのお店で買い物しようと決めるのは誰でしょう。そうです。お客さんが決めるんですよね。

お金を儲けるための手段は、こちらから出かけて行っていただいてくるか、お客さんがやってきてお金を落としていただくかの、二つしかありません。どちらがいいかというと、お客さんにお越しいただいたほうがいい。

商品の魅力なんて、もう当然の話です。魅力的なものでなければ、商品としては力不足。商品の魅力に加えて、それを売る人間の魅力も必要だと、私は思っています。

商人は、神さまぐらいの信頼がなければ、お金をいただくことができないということです。

186

成功した人は、成功談を教えてくれる。「よかったね」「偉いね」っていってあげればいい

成功した人は、自分の成功談を人に教えたくてしょうがない。成功談というのは、聞いているだけでも楽しいけれど、話しているのも楽しいから。

そのうえ、人に教えてあげると感謝される。

ところが、実際にはなかなか教えてくれない。

それはなぜかというと、教えたくない環境を作ってしまうからなんです。だから、「よかったね」「あなた偉いね」といってあげればいい。そうやって褒めてあげれば、「ちょっと来て。あなたに〝いいこと〟教えてあげるから」

ということになる。

そうすると、知恵が出せない人でも、知恵が持てるようになります。

187

自分で考え、行い、失敗して、改良する。これを絶え間なくやるしかない

私は二代目さんを、壮絶な戦いをしている人たちだと思って、尊敬の念をもって陰ながら応援しています。それでも勝たなくてはいけないのが経営者。

だから、お互いがんばりましょう。

二代目には、たいてい親がいろんなものをつけてくれます。でも、「親がつけてくれたものは、九九・九九％まで役に立たない」

と思ったほうがいいですよ。

「今から、自分の手で全部つかみとるんだ」という気持ちになるしかない。

自分で考え、行い、失敗して、改良する。

これを絶え間なくやるしかないんです。

188

いつの時代にも、経営のコツというのはありません。

芸にはコツがあるから、歌舞伎役者などは、何代目とかがいる。経営にコツがあれば、誰でもわが子に教えるから、三代目とかでつぶれない。

だから、「コツがないってことを早くわかる」のがコツなんです。

ただ、ひたすら仕事のことを考える。

ひたすら努力するしかないんです。

189 正しい道を歩いているから困難を乗り越えたとき必ずよいことが待っている

よく「商い」とは、「飽きずにやることなんだ」という人がいますが、それは違う。
商人が飽きていなくても、お客さんは飽きているから。
大事なことは、お客さんが飽きないということなんです。
だから、お客さんの求めている以上のものを提供しなくちゃね。
それが商人の使命。何よりこの使命が果たせているかどうかなんです。
商売がうまくいかないのは、「何かを変えなさい」という神さまのメッセージ。
正しい道を歩いているなら、困難を乗り越えたとき、必ずよいことが待っている。
間違った道を歩いていると、次々と新しい困難がやってくる。

190

人生は後出しジャンケン。世間の出方を見て、自分を変化させろということ

人生は後出しジャンケン。

これは汚いことをしろといっているのではない。

世間の出方など状況を見て、自分を変化させろということ。

世間がチョキを先に出しているのが見えたら、自分がパーを出すつもりだったとしても、グーに変えればいい。そうすれば必ず勝てるわけ。

ジャンケンの勝ち負けなら、もちろんこれは反則。

でも、人生でこれをやっても、反則だといわれない。卑怯だとも思われない。

たとえば、仕事で失敗したら、今度はもうわかっている。だから、やり方を変えればいい。

そうすれば、同じ失敗を繰り返さなくなるでしょ。

191
問題とはチャンスです。ちょっと変えてやるだけでチャンスになるんです

問題はだれだって起きてほしくない。

でも、起こるんだよ。

だから、起こった問題をちょっと変えてみる。

レモンに砂糖を入れればレモネードになる。酸っぱくて飲めないような物も、ちょっと変えてやるだけでおいしくなるんだよ。

問題とはチャンスです。

望まなくてもくるものなら、そう考えるんだよ。

また、問題が起こって事態が変わるということは、本当にチャンスなの。

ちょっと見方を変えてやれば、その問題がチャンスだとわかるんだよ。

192

成功というのは、「前払い」。最初に人に得をさせる。何もしてくれないうちから得をさせる

成功というのは、実は「前払い」なんです。

何をしたらいいのかというと、最初に人に得をさせること。

何もしてくれないうちから、得をさせる。

そうすると、人間っていうのは、そのことに恩義を感じて、得させてくれた人に報いようとするんです。

でも、たいていの人は、「何かあったら」の〝勘定払い〟です。

〝いいこと〟してもらったら、〝いいこと〟してあげます、なんです。

193

「お金持ちになりたい」という種を植えてから「お金持ち」になるまで十年かかります

私にとってのお客さんは、私が作った商品を買ってくれる人。

あなたにお金をくれる人を喜ばせるために、自分に投資する。

商人にとってのお客さんは、商品を買ってくれる人。

また、商人は買ってくれる人に喜んでいただくために、自分に投資する。

「お金持ちになりたい」という種を植えてから、「お金持ち」という実がなるまでには十年かかります。

「お金持ちになろう」と思って歩きはじめてから、お金持ちになるまでの期間が十年だということです。

十年かかるものはかかるのだから、これはどうしようもないんです。

194

その十年間に自分があるべきことを楽しみながらエッチラ、オッチラ歩いていけばいい

でも、十年先に自分がお金持ちになるのだとしたら、
今の自分は何をすべきか考えて行動することはできますよね。

その十年間に自分がやるべきことを楽しみながらやり、エッチラ、オッチラ歩いていけばいい。

そうすれば、道すがらは楽しいし、十年経てば本当にお金持ちになれるから。

ところが、若い人のなかには、

「今すぐなりたい」

「来年なりたい」

という人がいる。

195

「今、ここ」を成功だと思って歩き出した人が成功者

「今、ここ」を成功だと思って歩き出した人が、成功者です。
成功をつかんだ人が成功者なのではありません。
「成功をつかんだ」は、もう過去のこと。
成功をつかんだなら、次の目標を見つけてまた歩く。
成功という名の旅を歩き続ける人こそ、成功者です。
だから、十年先を見つめて歩き出している人は、すでに成功者です。
あきらめず、歩いていけばいいだけなんです。
成功とは旅路です。

196

井戸掘りをするときに、地面を五、六回掘った程度で水が出ると思ったら大間違い。そういうのは、まだまだ覚悟が足りない。水が出るまで井戸を掘る。そして、深い井戸ほど、出た水はキレイなんです。井戸を掘る場合、そこに水脈がなければ水は出ません。

でも、人間に水脈がない人はいません。

要するに、才能が出ない人はいない、ということです。

197

試練とは、心を試験して練り上げること。人生が、さらにすばらしくなるということ

人は生まれてくる前に、自分の人生のストーリーを決めているんです。

その自分が決めたストーリーの中には、いろいろと盛り上がる場面をいくつか決めて生まれてくる。それを人は、「試練」といっている。試練とは、心を試験して練り上げること。

要するに、本来、試練とは、その試練をクリアーすることによって精神的に成長し、人生がさらに楽しく、すばらしくなるということ。ところが、大抵の人は試練にあうと、苦しんだり、悲しんだり、困ったりします。そして神さまや観音さまに拝んだりする。

でもね、神さまや観音さまは、ただニコニコ笑って聞いているだけ。それは、その人が本当に困っていないことを知っているから。だって、生まれる前に自分が決めてきたんですからね。つまり、その人は、ただ自分で決めてきた試練を経験しているだけなんです。

第13章

315 Miracle Teachings

生きていれば必ず進歩する

198

教えるには褒《ほ》めることが基本

仕事を覚えてもらうには、褒めることが基本です。

「やってみせ、いって聞かせて、させてみて、褒めてやらねば人は動かじ」

この考え方の根っこには、まず、教わる人に対する愛情があるんです。

人間って不思議なもので、自分では「失敗だ～」とか、「自分がいちばんダメだ～」と思っていても、人から褒められると嬉しくなって、どんどんやる気が出てきてしまうものです。

そうするとまた、褒められる。また、やる気が出るというので、仕事が楽しくなってくるのです。

199
はじめに言葉ありき

はじめに言葉ありき、なの。
はじめに言葉ありき、っていうと、
「言葉より、心が先だ」
って、いう人もいる。
だけど、心が最初だったら、心に従っていたら、
人は〝お天気屋〟になっちゃうんだ。
人は〝お天気屋〟がキラいなんです。

200

仕事を頼むときには、必ず予防注射を打つ

誰かに仕事を頼むときには、必ず予防注射を打つ。

「この仕事は、普通の人だと二十回ぐらい失敗するけど、キミの能力だったら、十回ぐらいでいけるから、だいたい十回ぐらいやり直せばいけるよ」

失敗五回の能力でも、十回でいければ大したもんだという。

これが予防注射なの。それを一発でいけるみたいなことをいっちゃうから、挫折しちゃうんだよ。で、その社長にも会いたくないってなるんです。

あらかじめワクチンみたいなものを打っておけば、心の抗体みたいなもんができる。

仕事ってね、肉体的には疲れない。精神的なものなんです。

だから、精神的な予防注射があればいいんだね。

201
失敗を恐れさせないってこと。できたら褒めてあげること

予防注射って、要するに、失敗を恐れさせないってこと。
そして、できたら褒めてあげるってことを加味して打つんだよ。
そうすると、五回ぐらいでいけたときに、「ホントかよ！　おまえ、すごいな」
って、いってあげられる。そして、みんなの前で褒めるときは、
「こいつ、すごいヤツだよ。普通の人だと、三回挑戦すると諦めちゃうんだけど、
五回も挑戦して、五回目にクリアーしました！」
とかっていうと、その人も、聞いている人たちも、
「この社長は、失敗して改良を重ねていったことを褒めてくれる人なんだ」
と思う。会社の空気も明るくなってくるんだよね。

202

人間には三つのタイプがある。この三つが一緒になってひとつのことをする

人間には三つのタイプがあるんだよ。
一つは、水のようにスイスイと困難を避けていっちゃう龍神系。
で、龍神系っていうのは非常にアイデアマン。
二つ目は、徳川家康みたいに踏まれても我慢して、踏まれて金に変わる金神系。
三つ目が、学問、理論先行の日神系。
この三つに、いい悪いはないんだよ。
それぞれにいいところがあるんです。
この三つが一緒になってひとつのことをする。
それができたら、すごいことができたりするんだよね。

203

「じゃあ、これ任せたよ」っていう。自分もできないことがあるから

人の上に立つ人間は、自分について来てくれる人たちが失敗したときには、尻拭いしてあげられるようじゃないと。

そうじゃないと、下の人はやってみようなんて思わない。

指導者っていうのは、自分の強烈な個性で進んでいくんだよ。

だけど、自分にもできないことがあるから、

「じゃあ、これ任せたよ」

っていうんです。

204 あれを頼まれたり、これを頼まれたりするうちに、得意分野が出てくる

あれを頼まれたり、これを頼まれたりするうちに、だんだん得意分野が出てくるようになる。

すると本人も、その得意なことを喜んでやるようになる。

周りの人も、その人に仕事を頼むとうまくやることを知っているから、そういう仕事を頼むようになる。

そうやって、自然にそっちの道に行くようになるんです。

そうなれば会社にいても出世するし、独立してお店をやってもうまくいく。

205

生きていれば必ず進歩する。天を信じていればいい。ほうっておいても、木は育つでしょ

人間っていうのは、生きている間に段々と進歩する。生きていれば必ず進歩する。ほうっておいていいんですかって、それでもかまわない。そういうことが心の中で、安心、安心っていうんだね。天を信じていればいい。

ほうっておいても木は育つでしょう？　無理に大きくしようとして、枝を引っ張ったりするから木をダメにする。で、自分も苦労するの。

育てないといけないのは、最初だけなんです。

イネでも苗だったら、ちょっと囲ってやらないといけない。

だけど、ある程度の大きさになったら、そのままにしておく。

それで勝手に育っていくんだよ。

206

図に乗ったら、もう少し増長させてやればいい。やれば実力なんて、イヤでもわかるんだ

人をしぼましたり、押さえつけることに命をかけている人が多いね。
私はそういうものから、どうしたら解放してあげられるかなって考える。
図に乗ったらどうするんですかって？　もう少し増長させてやればいい。
そうしたら、人は絶対やらないといけなくなる。
やれば実力なんて、イヤでもわかるんだよ。
そうしたら、勝手にしぼむの。そうしたらまた、こっちが増長させてやる。
「何いってんだよ。俺の失敗なんか、もっとひどかったぞ。それぐらいの失敗なら、
キミ、才能あるじゃないか」
とかいってね。

207
辞めさせるのも愛のひとつで、親切なんです

これは使えないと思っても、従業員をなかなか辞めさせられない。
辞めさせるのを悪いことだと思っているからできないんです。
でも、辞めさせるのも愛のひとつで、親切です。
だって、使えない人は、その仕事に向いていないということだから。
別のところを探したほうがいいんです。
その人に向いている仕事につけるようにしてあげるには、
向いていない仕事からは、早く辞めさせてあげる。
「この仕事、あなたには違うよ」といってあげるほうがいい。

208

社員選びは「能力があって性格がよい人」

どうしたら働き者を見抜けるようになるかって？
それには、ひどい目に遭えばいい。
人間、五、六回痛い目に遭うと、同じ手は食わなくなる。
だから、ひどい目に遭えば人相見になれるんだよ。
人間は、人生で苦労しているとき、人生の勉強をしている。
人使いで苦労しているときは、人使いの勉強をしている。すべてが勉強なんです。
社員選びはまず、人間のいいのを集める。それは、能力があって、性格がよい人。
能力があっても、性格の悪いのはダメ。性格はいいけど、能力がないのもダメ。
だから、会社は少ない人数だけでやるようにするのがいいんです。

209
みんな一生懸命やっているんだよ

会社では仕事をするのが当たり前です。

仕事をするのは、自慢でも、偉くも何ともない。

私は社長だから、社長業を一生懸命にやる。

社員は社員の仕事をしている。

部長は部長の仕事をしている。

みんな一生懸命やっているんだよ。

だから、「俺がいなければ困るだろう」っていう偉そうな態度をとるヤツは、うちにはいないんだ。

そうすれば、いつもスカッとして仕事できるんだよ。

210
トップは「すごすぎる！」くらいでちょうどいい。みんな、安心していられる

世間が求めているのは、強い社長なんです。トップの人は「この人はすごすぎる！」くらいでちょうどいい。世間の荒波が来ても、バーンと打ち破る社長ね。

思いやりや優しさがあるのがいい社長だと思っている人がいるけど。

就職するのは、友だちを選んでいるんじゃないよ。

経営者っていうのは、荒波をぶち破っていくぐらい強い人なんだよ。

社員の機嫌を取っているような人じゃないの。

「おまえみたいなの、来なくたっていいよ。おれ一人でもやる」くらいの腹になっている人。

こんな人について行けば、不況だろうが何だろうが関係ないんだって。

みんな、安心していられる。

211

みんなが波動で仕事をする。従業員も経営者の波動で仕事をするのが望ましい

経営者はいつも、自分ですべてを失うリスクを背負っている。

サラリーマンならば、もしその仕事がダメでも、ほかの仕事を探せる。

でも、経営者はその仕事が失敗すれば、身ぐるみはがされてしまう。

それを覚悟で商売しているわけです。

それほどの覚悟でサラリーマンが仕事に臨むことは、なかなかできないでしょう。

理想をいえば、従業員も経営者の波動で仕事をするのが望ましい。

サラリーマンという仕事は、自分という商品を会社やお客さんに買ってもらっている商人だと考えればいい。だから、自分という会社の社長。

そう考えると、経営者の立場がわかることができる。

第14章

315 Miracle Teachings

際限がないのが人間だから、いろんなことができる

212

勝負は、勝つことよりも大事なことがある。それは勝ち方、負け方なんです

みんな精一杯がんばってるよね。でも、人間は完璧じゃないから、失敗することもある。そのとき叱ったら、ますます落ち込んでしまう。失敗したのは仕方がない。次は、ほかのやり方でやればいい。世の中、勝つときもあれば、負けるときもあるよね。

でも、勝負は、勝つことよりも大事なことがある。それは勝ち方、負け方なの。勝ったとき、負けた人に対して「私が偉いんだ」という態度をとると嫌われる。だから、そんな態度をとってはいけないんです。

勝ったときは、「私が勝てたのは、みんなが応援してくれたからです。本当にありがとうございました」といって、勝った方法をみんなに教えることだよ。

213

負けたからといって、卑屈になることはない。負けた人は、勝者から学ぶことができる

より上のレベルに行こうと思ったら、知っていることを周りの人に教える。
世の中、成功者といわれている人は、みんなこのことを知っていたからです。
負けたからといって、卑屈になることはないんだよ。
負けた人は、勝者から学ぶことができる。
勝者は、自分で新たな方法を作り出さないと、次は負けてしまう。
けれど、負けた人は学ぶ機会を与えてもらった。
その学びが大きい分、上に行ける。
だから、負けることを恐れず、どんどん進めばいいんです。

214

グレーゾーンの広いほうが楽しく生きられる。すべてのことに白黒はっきりさせようというのはムリがある

世の中のことは全部、白か黒に分けられると思っているかもしれない。
だけど、グレーゾーンというのもある。
そのグレーゾーンの広いほうが楽しく生きられるんだよ。
もちろん、法律とかのグレーゾーンはよくないけれど。
白黒はっきりつけなくちゃいけないことなんか、ほんの少しなんです。
すべてのことに白黒はっきりさせようというのはムリがある。
グレーゾーンが狭い人は心の幅が狭いから、商売もうまくいかない。
力を抜いて、ダラッとした感じで「まあ、いいか」とね。
そういっていると、だんだんグレーゾーンが広がっていく。

215
要は、広々としていればいい

人間の器って、平らであることなんだ。
平らっていうのは、関東平野を思い出せばいいんだよ。
関東平野っていうのは、大雑把に平らなんだよ。
でも、関東平野の中には、上野の山もあれば、谷もある。
でも、大雑把に平らだから、そこで人が暮らしていける。
要は、広々としていればいいの。
あんまり完璧を期しちゃうと、自分も苦しいし、人も苦しくなっちゃう。

216

ちっちゃいものを磨くより、大きくなればいいんだよ

たいていの人は、自分を磨くんだよね。
生きていると、いろんな角が出てくる。
その角を削って、いい形にするんだよ。角があると刺さるでしょ。
相手に刺さったり、傷つけたりするからっていうんで、角を削ろうとする。
でも、日本の地図を見てごらん。たとえば、下北半島って鎌の形をしている。
私は、あそこの尖端に行くけど、そこに刺さって死んだ人って見たことない。
だから、大きくなるの。
ちっちゃいものを磨くより、大きくなれば刺さらないんだよね。

217

私は味噌汁を作るときに、キャベツと何かを組み合せようとはしない。キャベツがそのままでうまくなる方法を考える。キャベツはキャベツで、絶対にうまいから。

218

何でも面白いと思えば、いろんないいことが起きる

神さまは、人間に〝不満に思う能力〟をくれたんです。
だから、不満を利用して面白く生きる。
不満が出てきたら、それを楽しく解決しちゃうゲームにするとかね。
ついでに人の不満まで解決して、お互いにハッピーになる。
何でも面白いと思えば、いろんないいことが起きる。
奇跡なんか、いくらでも起きるよ。

219

際限がないのが人間だから、いろんなことができる

人間は、際限がない創造物でありながら、制約も受けている。
育った環境とか、社会制度とか、世間の常識とかね。
そういう、いろんなものが人を制約している。
でも、人間には際限がない。
陸上競技の選手って、今、一〇〇メートル一〇秒を切っている。
昔はそんなのムリっていっていた。
だから、将来、九秒切る人が出てくるかもしれない。
際限がないのが人間だから、人間にはいろんなことができる。
制約を作っちゃうのは、ある種の恐れなんだよ。

220

泳げないのはマイナスじゃなくて プラスなんだよ

頭が悪い、何ができない、かにができないっていうけれどね。
できなきゃできないで、別にそんなもん、どうだっていいんだよ。
たとえばの話ね、泳げなきゃ浮き袋があればいいしね。
ヘンな話、海に入らなきゃいい。
泳げない人のほうが、おぼれる率って低いの。
たいがいね、泳げる人のほうがおぼれちゃうんだ。
だって、泳げない人って水に近づかないもん。いやいやボートに
乗せられちゃったりすると、いの一番、救命胴衣を探したりして。
だから、泳げないことはマイナスじゃなくて、プラスなんだよ。

221
心が内に向いているときは、内に向かせておく

「今、落ち込んでいるんだ」という人がいるけど、私は「内に入る」ととらえるんです。呼吸と同じでね。息を吸ったり吐いたりするでしょ。それと同じで、心も内に向かうときと、外に向かうときがある。

私は心が内に向いているときは、内に向かせておくの。だって、心が内に向かうのは悪いことじゃないから。だれだって、静かに心の中に入って休みたいときがある。

だから、心が内に向かうのは自然なことなんです。

そのうち自然と外に向かうようになってくるから。

試しに息を吸い込んだままにしてみたら？

吸い込んだままじゃ苦しいから、自然と吐くでしょ。心もそれと同じなの。

222

心の中の神さまと話し合っていると、すごくいい答えがもらえる

私は内に入るときは、神さまと交信してると思ってるんです。
人っていうのは、みんな心の中に神さまがいる。
その内なる神と話し合っていると、すごくいい答えがもらえる。
自分にとっても、周りの人にとってもハッピーな答がね。
だから、内に入ったときは気持ちがいいの。
今度はどんな答えをおみやげにもらえるかなとね。
みんなのところへも、このおみやげ持っていけるぞ、ってワクワクするんです。

223

ウサギがトラになる必要ないよ

自分はダメ人間なんだって考えても、ためにはならないんじゃないの？　だって、人のことを偉いと思うために頭を使うと、重くてしょうがないもん。他人と比較するより、昨日の自分と比較したほうが楽しいよ。

ウサギがトラになる必要ないよ。ウサギにはウサギの繁栄のしかたがあるんだ。ウサギって、トラのようなキバを持ってないんだよね。だけど、敵から逃れるための長い耳と足を持ってる。だから、トラみたいに、キバ剥き出しで向かっていく必要はない。トラぐらいの強さがあっても、心の中には菩薩がないといけない。そしたら、トラが空を飛ぶぐらいの奇跡が起こるんです。トラに羽が生えたぐらいのヤツには優しさがある。優しさがあるから魅力がある。魅力があるから人が集まる。かっこいいの。

224

神さまが与えてくれないものは、いらないもの

神さまが与えてくれないものは、いらないものなんです。それがわかっていないから、三倍も五倍も努力してもできなくて、ダメ人間だと自分に烙印《らくいん》を押してしまう。

私は、英語とか数学はいらないから、やらなかった。そのかわり、中国の思想とか、さまざまな歴史の本だとかに興味を持っているから勉強したんです。ほかの人が一生使わないものを勉強している間に、私は自分に必要なことを勉強した。だから、今はいろいろなことを知ってる。これがもし、神さまが与えてくれなかった才能を、落ち込みながら一生懸命努力してたら、私は必要なことを知らないままでいることになっちゃう。だから、先生が何といおうと、関係ない。

いらないものは、いらないと見抜ける力が私の才能なんだから。

第15章

315 Miracle Teachings

仕事は楽しくやるんだよ

225

人間は習性で明るいところに集まる。だから、自分が明るくしてなくちゃダメ

人間の起源をたどると、はるか太古は虫だったの。
虫は樹液を吸う。樹液は醗酵すると、お酒になる。
虫はお酒を飲んでるわけね。
人間の習性で、明るいところに集まるとか、
お酒を飲むとかは、虫とおんなじ。
人間は、明るいところに集まるんです。
だから、自分が明るくしてなくちゃダメ。
明るいところに、人は寄って来るんです。

226

「楽しい」。ここ一点が、「いいヤツだなあ」という気にさせてしまう

「楽しい」。ここ一点なんだよ。

戦国時代にね、ワンマン武将がいたの。ほんと、ムチャクチャ言うヤツなの。でもね、塩辛つくるのが抜群にうまかった。

夜、足軽なんかと酒盛りするたんび、武将は塩辛持参で参加してた。

足軽たちと、塩辛肴にいっしょに一杯やる。

それが楽しくて、楽しくて、家来たちは、ワンマンのムチャクチャぶりも許せちゃう。

「いいヤツだなあ」という気になってしまう。

「楽しい」。ここ一点なんだよ。

227

楽しそうにしているとね、いいことが向こうからやってくるの

楽しそうにしているとね、
いいことが向こうからやってくるの。
だから、奇跡は起きる。
奇跡を起こせばいいんだよ。

228
人はお説教を求めているんじゃないの。人って、楽しく学べるの

人はお説教を求めているんじゃないの。
人って、楽しく学べるの。
人間の脳ってのは、楽しくないと覚えない。
試験やなんかで、イヤイヤ覚えたことって、みんな、忘れちゃったでしょ？

229

相手が一段目にいるのなら、自分がそこまで降りていく。

人にものを教えるときって、自分が地獄の底まで降りていくぐらいの気持ちがないと、ね。

今、自分が階段の一〇段目にいるとしても、相手の話を聞いたとき、その人が一段目にいるんだとしたら、自分がそこまで降りていく。

だって、相手はいきなり一〇段目に上がれないんだから。

230
「私が行くから、きみ、そこで待ってて」みたいな生き方で来ちゃった

「どうやったら、相手のところまで行けるか」っていうのを考えるのが好きなの。
だから、「オレに、ついて来い」じゃないの。
「私が行くから、きみ、そこで待ってて」みたいな生き方で来ちゃったからね。
「オレに、ついて来い」がダメだといってるんじゃないよ。
だけど、私のお弟子さんたちは、そういう私の生き方に共鳴してくれたのかな。
私のような生き方してると、すっごいハッピー。

231

仕事は楽しくするんだよ。血のにじむような努力なんてしない

仕事は楽しくするんだよ。
血のにじむような努力をして、どうにか売り上げをあげよう、
なんてことすることないよ。
努力と根性が信条、っていう人間からは暗い波動がでる。
その暗い波動が、さんざん苦労しなきゃというようような出来事を
呼び寄せるんだよ。

232

「楽しく」を基準にしないと、人って、ついていけないよ

厳しい時代になればなるほど、ますます楽しむことが大事になってくるんです。
「楽しく」を基準にしないと、人って、ついていけないよ。
人に物を教えるときでも、どうしたら楽しくやれるか考える。
みんなに楽しさを提供するんだよ。
楽しくないことは、悪なんだ。
お客さんに「楽しかった」といわれなかったら、ブーなんだよ。
仕事をどうやったら、楽しくできるかだね。
仕事が楽しいと、飲みに行っても、明日、会社に行くのも楽しいよ。

233

たとえ裏切られても、「人を信じる」という信念は変えない

これから人を育てようと思うなら、「君ならできる！」「あんたならできる！」と、相手を信じる気持ちがないとできません。

「この人、ほんとにできるかしら」「こんな成績じゃ、ダメよね」なんて思っていたら、育てられないんです。

「君ならできる！」って、何度もいってあげてください。

たとえ、信頼を裏切られたとしても、です。

人を信じることをやめたらダメなんです。

例外がでてきたからといって、信念を変えてはいけないんです。

234
とらぬ狸の皮算用をしなきゃダメ。バカバカしくても、ワクワクする

とらぬ狸の皮算用をしなきゃダメなんです。

これやってると、バカバカしくても、ワクワクする。

名物のないところにも、名物つくっちゃえばいい。

ただ、じっと待っってても、なんもできないからね。腐らない物、持ちやすい物、
自分でできる物。なんでもいいから考えるの。

そうすると、名物ができちゃうの。それで、人を寄せる方法、お土産物にする方法など、
金儲けの方法って、いくらでもあるんです。

それを考えてると、ワクワクしてくる。

人相も変わってくる。景気よさそうな顔になる。

235

どんなときでも明るく考えるんです。明るく、豊かな、愛の波動をだすの

どんなときでも、明るく考えるんです。
とにもかくにも、明るく、豊かな、愛の波動をだすの。
人の幸せを祈り、そして、楽しく仕事をする。
仕事をゲームにして、遊ぶがごとく仕事するんだよ。
それができれば、「今、ここ」を生かすことができる。
私たちの修行する場所は、「今、ここ」なんですよ。
「今、ここ」で、愛のある顔をする。
愛のある言葉をしゃべる。

236
愛を先行して進めるとき、神さまは疲れをとってくれる

愛が先じゃなかったら、毎日とか、毎週とか続かないんです。
愛が先だから、夜遅くまでやっててもくたびれないの。
愛を先行して進めるとき、神さまは疲れをとってくれる。
昔の倍以上働いても疲れないし、体の具合までよくなっちゃう。
やっぱり、愛は、勝つ、だね。

237

ただ、ひたすら天国言葉をいってると、期待以上のものが現れる

期待しないで、ただ、ひたすら天国言葉をいってると、期待以上のものが現れる。
自分も、回りにいる人も健康になるし、どんどん、どんどんいい方へ導かれるの。
私もそれを一生懸命やっているんです。
信じてくれる人が少ないかもわかんない。でも、私は、この地球を天国にしたい。
みんなに幸せになって欲しいの。
それ以上のことは、なんもないんだよ。

238
無償の愛をだすの。売り上げがどんどん上がってくる

愛を提供するんだよね。無償の愛をだす、というね。

で、愛は勝つんですよ。

泥臭いと思うかもしれないけど、そういう行動をとってると、売り上げがどんどん上がってくるんだよね。

239

売り上げじゃなく、幸せ七倍で行く

同じ七倍でもね、売り上げ七倍より、
幸せ七倍の方がいい。
その方が、愛だよね。
売り上げじゃなく、幸せ七倍で行く。
けど、きっとね、愛は勝つんだよ。
売り上げ七倍より、幸せ七倍の方がね。
愛だから。愛は勝つ。

240

ハイはみごとなハイ
笑顔はみごとな笑顔
それが商人

241

商人は心臓と同じなの。この世の血液、お金を回すのが仕事なの

商人は心臓と同じなの。
この世の血液、お金を回すのが仕事なの。
心臓は、心臓らしく、ドックン、ドックンやってればいい。
だから、遠慮なく儲ければいい。

242

ダメだって考えるからダメになる。選択肢がないって、すごくいいことなんだよ

自分は自分の人生の主役なんだって、私は、よく言うんです。
「自分が、主役なんだ」って思うとき、
周りにあるいろんな物を使えばいい。
足が遅かったら、車に乗れば一〇〇キロ走れる。
自分が主人公で、いろんな道具を使いこなすの。
それが、足が遅いからダメだって考えるから、ダメになる。
「なになにだからダメ」っていう考え方を捨てるんです。
あんまり選択肢があると迷うからね。
選択肢がないって、すごくいいことなんだよ。

第16章

315 Miracle Teachings

ひとつ上の努力をしてみると、おもしろいってことがわかる

243
夢は語るものではなく、実現するもの

夢は寝て見ればいい。起きているうちに夢を見るのは危ないヤツだよ。
男の夢は、白昼夢と同じなの。お金で買えないものばっかりだから。
夢だけ語っていればすむと思ったら、大間違い。
だって、夢にはお金がかかるから。
夢は語るものではなく、実現するもの。
だから、世の男性は夢をただ語るのではなく、
実現に向けて具体的に進んでいかなければダメ。

244
ついてる人は、目標を持つ必要はない

目標っていうのは自分が決めるよね。
自分が決めるって、人間の頭で勝手に決めていることなんです。
でも、人っていうのは、見えない力の影響を受けている。
なのに、勝手に決めちゃうと、本当はその上に行けるのに、
「ここまで」で止まってしまうじゃない？
だから、私は目標を持つ必要はない人なんです。
ついている人は、目標を持つ必要はないからね。

245
稼《かせ》がれる人より、稼《かせ》ぐ人にならなきゃね

株とか投資に熱入れている人がいるけど、そういう世界は誰かが儲かれば、誰かが損するんです。当然のことなの。

そういうものだって割り切って、自分は「得する側」に回んなきゃいけない。そうなると、当然、勉強しなきゃいけないし、カンも養わなきゃいけない。ただ、理論的にはいろいろいっても、そういったものはバクチなんです。

勉強して負けたときは、「勉強が足りなかったんだ」と考える。そう考えればいけるもんだと思いますよ。気をつけなきゃいけないのは、自分が稼ごうと思って乗った話で、相手に稼がれないこと。よくいるんだ。そういう人。

稼がれる人より、まじめに勉強して稼ぐ人にならなきゃね。

246

必要なアイデアはポンと出るもの ひらめきは一瞬に出るもの

稼ぐ人になるには、ヒット商品を生み出さなきゃ。
それにはアイデアを出さなくては。必要なアイデアはポンと出るもの。
ひらめきとは一瞬に出るもの。
そのためには、頭の中に必要な情報をいつもインプットしておく。
すると、あるときポンと結果が出てくるんです。
だから、あんまりアイデアを出そうなどと、苦労しちゃいけないと思っている。
そのコツは、いつもわくわくして楽しくてしょうがないように生きること。
心配なんか絶対しちゃいけないね。

247

自分に必要なものはどこかに必ずある

「こんな商品できないかな」と思っていても、なかなかアイデアやノウハウが出てこないときがある。そんなときはこう思うこと。

「自分で答えを出せるなら、もうとっくに出ている。これだけ出ないんだから、誰かがそろそろ答えをもって来るぞ」

すると、本当に誰かがその商品をもって来る。

必要なものは、必ずどこかにあるんです。

何かをいつも求めて考えていると、それを自分のところに引きつけることができる。

必要な人についても同じね。本当に会ったほうがいい人に出会える。

これが「牽引《けんいん》の法則」です。

248

決して頭を下げて買ってもらうものではない。自分を下げてお金を得ようとすると、魂が落ち込んでしまう

今はカッコいい商人にお客さんが引かれる時代です。

カッコいい商人は、プライドをもって堂々と商売をする。

プライドをもっている商人は、商品を買ってもらうために、お客さんに頭を下げたりしない。もちろん商人だから、お客さんに頭を下げるけど、それは商品を買ってもらった感謝で頭を下げる。

買ってくれなくても、お店に来てくれた人への感謝で下げる。

でも、決して頭を下げて買ってもらうものではない。

自分を下げてお金を得ようとすると、魂が落ち込んでしまう。

それだけでなく、見た目もカッコ悪い。

249
よいものと、よいものがくっつくと足し算じゃなくて掛け算になる

よいものと、よいものがくっつくと足し算じゃなくて、掛け算になる。

相乗効果で魅力が膨らんで、それが爆発的に大きくなる。

組み合せというのは無限にふえていく。それをじっと見ていて、さらによい組み合せを考えていくわけ。これが商品の魅力を大きくするコツなんです。

たとえば、ラーメンがこんなに流行ったのは、日本のそばから。

夜鳴きそばといって、江戸時代に屋台で売っていたそばのツユに中華麺を入れたのがラーメン。それで日本人はみそ汁が好きだから、みそと組み合せたのが、みそラーメン。

バターと組み合せてバターラーメン。

これが魅力ある商品を生み出すときの基本的な考え方です。

250
努力っていうのは、新しい人工衛星を上げること

「今までやってきたことを、一生懸命やっています」
といっても、それは打ち上げた人工衛星がただ回っていることと同じなんだ。
それは努力とはいわない。
努力っていうのは、新しい人工衛星を上げることなんです。
で、それが本当に楽しいことなんだよ。
上半分が靴で下半分がゲタの「ゲッ」っていう履物を作ったらどうだって？
便利だね。だけど、人は使おうとは思わないよね。
こういう企画はペケ。

251

「おまえ、何かを恐れていないか？」と自分に聞く

不況は商人を育てる。

魅力的な人間が商売して成功できるんだ。いい時代だね。

ときどき、自分にこういうことにしているんだ。「おまえ、何かを恐れていないか？」

人って、新しいことに遭遇すると、知らないうちに恐れを生んじゃっている。限界を超えるっていうとき、一番自分がイヤなことをやらないといけない。イヤなことだから、限界を作っている。だけど、そのイヤなことにちょっと踏み出すと、限界は超えられる。

そうすると楽しいんだな。

で、私たちは何かの縁で出会った仲間なんだ。だから、その時間を楽しく過ごしたいよね。

数字っていうのはゲームだから、楽しく仕事ができるよね。

252

人には必ず〝ひとつ上〟というものがある。そこに的《まと》をしぼって勉強していけばラクなんです。で、それをやったら、また〝ひとつ上〟をやる

成功への道っていうのは、上を目指さないで行けるわけがない。

だけど、股を思いきり拡げて届かないところを狙って、何としてでも上がっていこうとしても、しょうがないんだよ。そんなことをしても、股が裂けるだけじゃないか。

だから、〝ひとつ上〟なんだよ。人には必ず、〝ひとつ上〟というものがある。そこに的をしぼって勉強していけばラクなんです。自分の手の届くところに手をかけてみる。足がかかるところに足をかけて上がってみる。それなら、ムリはないよね。

で、それをやったら、また〝ひとつ上〟をやる。

そうやって、ず～っと上を目指していけばいいの。

これをやり続ければ、死ぬまで上に行くんだ。

253

〝ひとつ上〟の努力をしていると、楽しくて、おもしろいってことがわかる。自分とかけ離れたことをやるのは、おもしろくない

そんなことを死ぬまでやり続けるのって、みなさんシンドイと思うでしょ。
でも〝ひとつ上〟をやり続けていたら、ラクなんです。
それが自分を高めるために必要なものなんです。
それをやっていると苦労がないの。
〝ひとつ上〟の努力をしていると、楽しくて、おもしろいってことがわかる。
今の自分とかけ離れたことをやるのは、おもしろくないと思うよ。

254

「去年のおれはバカだったよ。こんなこともわからなかったんだ」

どんなに向上心が旺盛であっても、自分より弱い相手を倒したらダメ。自分より強い相手、勝てるかどうかわからない相手に挑む。はじめから勝てるとわかっている相手を倒すのは闘いじゃない。そんなのイジメでしかないんだよ。

挑戦には、ここまできたからもういいということがない。

どんなに成功しても向上心を失わないのは難しいことだけど、謙虚な心があればそれができる。私には、よくいっている言葉がある。

「去年のおれはバカだったよ。こんなこともわからなかったんだ」

自分にできることはすべて運だから、それに感謝している。

できないことについては、努力する楽しみがあるんです。

255

商売は冒険の旅だから、未知の体験ができる

商売には危険や困難がつきもの。
でも、商売での困難は必ず乗り越えられる。
だから、安心して商売できる。
そのためには、まず、自分の考え方を変えること。
自分の考え方を変えれば、必ず困難は乗り越えられるから。
商売とは、冒険の旅だからね。困難にばかり目がいくと不安になる。
冒険ならば、さまざまな危険もつきものだけど、冒険だから魅力でしょ。
すばらしい未知の体験ができるのだから。

第17章

315 Miracle Teachings

よく生きる方法とよく稼ぐ方法は一緒

256

よく生きる方法と、よく稼ぐ方法とは一緒。人生の生き方を覚えたら商いなんてわけない

人生を豊かにする方法を知っていれば、お金儲けも同じ要領でできる。
精神的に豊かになることができれば、経済的に豊かになることも本当はできるんです。
だって、よく生きる方法と、よく稼ぐ方法とはまったく一緒だから。
人生の生き方を覚えたら、商いなんてわけないよ。

257

つらくて苦しい仕事も楽しくやる時代なんだ

つらくて苦しい仕事も楽しくやる時代なんだ。
仕事をやらなくていいということではない。
仕事は、苦しい苦しいってやるもんじゃないよ。
勉強もそう。強いて勉めるんじゃなくて、遊ぶがごとくやる。
楽しくてしようがないからやる。
これからは楽しさの時代なんです。

258

「今年は何か〝いいこと〟が起きそうな気がする」「何かな、何かな」ってワクワクしていると必ず〝いいこと〟が起きる

正月が明けると、私はみんなにこういいます。
「今年は何か〝いいこと〟が起きそうな気がする。
ウチの商品が当たるのか、何が〝いいこと〟なのかわからないけど、
何か来そうな予感がするんだ」
「何かな、何かな」ってワクワクしていると、
必ず〝いいこと〟が起きるんです。

259

明るく、明るく、今日も明るく、明日も明るく。
私の九九％は〝楽しい〟で、残りがまじめ。
ついている人は、どこまでもついている。

260

神は人間に「自分の代わりに笑顔で愛のある言葉を話して」という。そうすれば、会う人すべてを自分の味方にできる

人間の肉体が滅んで、魂が故郷である天国に帰るとき、肩書きやお金、この世で身につけたものは、すべてこの世に置いていかなくてはいけないでしょ。

神さまは、自身の大いなる愛を表現することができないんです。

それを表現できるのは、笑うことができ、言葉を話すことができる人間しかいない。

だから、神さまは人間にこうお願いしている。

「自分の代わりに、笑顔で、愛のある言葉をしゃべっておくれ」と。

そうすれば、会う人すべてを自分の味方にできる。

会社でも、商売でもうまくいく。

261

いつも笑顔で愛のある言葉を話す。常に自分との戦いです

いつも笑顔で愛のある言葉を話す。
これは実際やってみると、意外と楽なことではない。
常に、自分との戦いです。
そして、その部分にすぐ勝ち負けが出てくる。
日々、あらゆるところで勝ち負けが出てくるとは、こういうことです。
勝ち負けは、常に目の前に出てくるもの。
日々、あらゆるところで勝ち負けが出てくる。
成功者の定義は幅が広く、あらゆるところに「勝ち」があります。

262

「どんなときでも、しあわせになろう」この精神論を利用すれば人生、何でも成功する

商売をやっていて、どんなに不況だろうと、「どんなときでも、しあわせになろう」という気持ちがあったら、お客さんを喜ばせることができるんです。

心のなかで解決するものは解決し、現実に向かっていく。それが精神論です。

この精神論を利用すれば、人生、何でも成功すると思います。

だから、私は、精神論で商売することがやめられません。

これからも精神論でやっていくつもりです。

263

何もやらない人生、挑戦しない人生は、楽しくないし、つまらない

自分がやったことが失敗なのか、成功なのかは、自分が一歩前に踏み出したときにはじめてわかるんです。

だから、何かをすれば答えが出る。

自分のことを「ついてない人間だ」と思っている人は何もやらない。

やらなければ、成功はないけど、失敗もないから。

でも私から見ると、何もやらない人生、挑戦しない人生は、楽しくないし、つまらない。

そういう人生こそが、大失敗なんです。

264

勝負強い人は、自分はついてる人間だと思っている。ツキって強いんです。ツキのほうが上です

「私はついている星の下に生まれたんだわ」と、自分の人生そのものをツイているととらえる人は、〝ここ一番〟というときのノリが他の人と全然違うんです。

「勝負強い人」は、たいがい「自分はツイてる人間だ」と思っている。

ツキって、強いんです。実力よりも、ツキのほうが上です。

なぜかというと、実力は人間の力だけど、ツキは天が与えるものだから。

あの人とあなたの勝負ではないの。あなたと天が勝負している。

たいがいの人は、天には勝てないものなんです。

265

「ついてる」という言葉の力で、
一歩足を前に出す。
これしかありません。
そうすると、その先に進むための
アイデアが出てくる。
それが成功のアイデア。
ツキが回り出します。

第18章

315 Miracle Teachings

これからは心の豊かさをもっている人の時代

266
いろんな形で経済を学ぶの。魂がその時期にきてる

本来、人間の魂は二つのことを学びに、地球にでてきたんです。
一つが人間関係、もう一つが経済。この二つを学ぶ。
この人間関係が、昔は国家においてはうまくできなかった。
ずっと殺しっことという戦争をしてきた。
二十一世紀に入ってからは、「魂の時代」なんです。
要するに、殺しっこやめるの。今だって、殺しっこやってますよっていうけど。
そんなの、第二次世界大戦に比べたら、ぜんぜん少ない。
だから、殺しっこの時代が終わって、世界は経済に目覚めてきたんです。
いろんな形で経済を学ぶの。魂がその時期にきてる。

267
もともと、人間は限界のない創造物

「限界を打ち破る」っていいますが、限界ってないんです。

自分が「限界」って決めてるだけなんだよね。もともと人間は限界のない創造物なんです。

私のところに「夢がない」って人が来たりします。

そんなとき、「夢がなければ、なんでもできるよ」っていうんです。

なぜって、夢があればそれしかできないけど、夢がなければなんでもできる。

へたな夢は描かないほうがいい。

神さまがあなたに描いてくれているビジョン。

そのほうが、ずっと大きかったりしますから。

268

すてきな人生生きてると、すてきな人が出てくる

よく類は友を呼ぶっていうよね。だから、自分が義理も人情も解さなければ。

義理も人情も解さないやつの前に出てくるのは、義理も人情も解さないやつばっかりなんだ。だから、いやな世界ができ上がるんだよ。

自分がひとたび変わっちゃうと、相手も変わっちゃう。

筋道通すってのは、すてきに生きるってことのひとつなんだよ。

仕事だったら、自分も得してお客さんも得することを考える。

そのほうがすてきだろ？

269

人ってね、人間なんです。機械じゃないんです

人って、等しく人間なんです。みんな人間なんです。
優しいってのはね、自分より立場が弱い人に優しくできる人をいうんです。
目上の人にぺこぺこする人はいるんですね。
同僚にタメ口きいて、上司にはぺこぺこするって人は、普通なんです。
私は、誰に会ったって、同じ生き方しかできないの。
人ってね、人間なんです。機械じゃないんです。
だから、どんな人にでも声を掛け続けていれば、顔も覚えてもらえる。
とにかく、いい続ける。やり続けるということが大切なの。
そうすれば必ず、いいことが起きます。

270
ハンデは、損なものじゃないの。ハンデは、得なものなの

神さまは、人間にハンデというプレゼントをくれているんだよ。
ハンデが、バネになってる。
野球選手なんかでも、一軍に上がったら、
「おれ、二軍に降りたくないんだ」って、がんばる。
ハンデは、損なものじゃないの。
ハンデは、得なものなの。
神さまは、なんで自分にハンデをくれたのかと考えてみて。
そう考えたとき、ハンデの活かし方がわかるでしょ。
ハンデは間違いなく、あなたに成功を求めているんですよ。

271

神さまが、私に望んでいることは、売り上げあげるだけじゃないの

この仕事を始めた頃は、年間七倍ぐらいずつ、売り上げあげていたんですよ。
今だって、その目標を持つことはできるけど。
で、それって楽しいんだよ。
人がなかなかできないことをやる。
それが私にとって、楽しいことなんです。
だけど、神さまからのお言葉があってね。
神さまが、私に望んでいることは、
そういうことじゃないの。

272

取扱店が幸せになって、お客さんが幸せになって、みんなのお店がサロンみたくなって

数字追っかけて、売り上げ「七倍にした」「八倍にした」って喜んでたけど、今、こんなに豊かになって、七倍にならなくたって、なんの問題もないの。
それよりも、取扱店が幸せになって、
お客さんが幸せになって、
みんなのお店がサロンみたくなって、
天国言葉であふれる店ができればいい。
人って、「時」によって、やること変わるんですよ。

273

神さまにとって、絶対にありがたい人を、神さまは、味方してくれる

一人ひとり、誰もみな神の子なんです。
デキのいい子も、そうじゃない子も、
みんな、神の子なんだよ。
神さまが気がかりなのは、デキがよくないほうなの。
デキのよくない子を、かまってくれる人は少ない。
そんな子をかまってくれる人は、
神さまにとって、絶対にありがたい人。
だから、神さまは、味方してくれる。

274

経済というものは、経済だけで動いているのではない

私の場合、みなさんと違うやり方だから、わかるんです。
ただ、私が勝手にやっていることですから、「一人さんは、こうやっているんだ」
ということだけわかってくれれば、それで十分です。
経済というものは、経済だけで動いているのではないんです。
この世には、「神」という、ひとつの秩序がある。
その神さまは、内なる神さまではなく宇宙の中心にいる大いなる存在です。
信じない人はそれでかまわないんだけど……。
人類は大いなる存在の意思で動く。
その意思にのっとって、人類は進歩するんです。

275 最大の敵がでてきたら、自分も同じことをやる

今、物を売っている人たちがいいます。

「中国からこんなに安い物がどんどん入ってくる。私たち、つぶれちゃいます」「もう打つ手は見つからない」ところが、打つ手は、あるんです。

「もっと企業の勉強をしてごらん」といいたいんです。企業の勉強をすれば、わかるんです。「最大の敵がでてきたときは、自分も同じことをやる」っていう決まりです。

スーパーの敵は、外食産業なんですね。そしたら、スーパー続けながら、外食産業も始めればいい。単品経営は、やったほうが損なんです。

吉野家がダメージを受けたのは、牛丼だけだったから。

最大の敵がでてきたら、命がけで同じことをやる。命がけで、次のことをやる。

276

これからは「魂の時代」。心の豊かさを持っている人の時代

すでに、次の世代がきています。それが「魂の時代」です。
「魂の時代」とは、心の豊かさが重視される時代です。
もちろん、いまだに学歴、学歴といっている人もいます。
いるけれど、本当はそんなに必要ないの。
たとえば、今、電子辞書ってありますよね。
あれにほぼ、東大生の頭ぐらいの知識が入っています。
だから、別に大学をでていなくても、電子辞書があればでてくるんです。
これからは、どういう人が大切になってくるか。
それは心の豊かさを持っている人なのです。

277

この不況は、実は、心の豊かな人に関係はないんです

この不況は、実は、心の豊かな人に関係はないんです。
神さまは、私たち人間を苦しめようとしているのではないのです。
「わからせよう」としているだけなんです。
人間の魂の成長を助けているだけなんです。
神さまの愛をわかっている人にとって、この不況はなんの問題もありません。
根拠なくそういっているのではありません。
「こうやってやればいいよ」というのがあるのです。

第19章

315 Miracle Teachings

人間はみんな能力があるんだよ

278
自分がしあわせじゃないと、他人をしあわせにできない

人はしあわせになるために生まれてきたのです。
だから、まず自分がしあわせになる。
世間の人は、他人がしあわせになるために自分を犠牲にしなさいっていう。
そうじゃないの。自分がしあわせじゃないと、他人をしあわせにできません。
だって、募金するのだってそうでしょ。
お金を持っていなかったら、募金できない。
だから、まず、自分がしあわせになるのです。

279
自分が光り輝いていたら　みんなに光をつけてあげられる

自分が光り輝いていたら、キャンドルサービスでみんなに光をつけてあげられる。
キャンドルサービスって、いくら分けてあげても光は減らないんです。
灯が増えて、周囲が明るくなる。
全員が明るくなって、世の中がどんどん、どんどん明るくなるんです。
だから、私たちはキャンドルサービスをしなければいけないんです。

280

自分の心に灯をともし、人の心にも灯をともそうよ

自分の心に灯をともそうよ。
人の心にも灯をともそうよ。
この親でよかったと思い、
この日本に生まれてよかったと思う。
この時代に生まれてきてよかったと思うんだよ。

281
誰にでも愛はあります。ただ、そのことに気づいていないだけ

人間は、神さまの愛と光でできている。
誰にでも愛はあります。ただ、そのことに気づいていないだけ。
愛を出すって、たいしたことするわけじゃなくて、ただ、
「生まれてきてよかったね」
って、いうだけ。そういうことなんだよ。
空は青いしね。花は咲くしね。適当に雨も降ってくるしね。
人間が暮らしているところは、最高の場所だよ。
ちょっと前に生まれていたら大変だよ。爆弾が降ってた。
今は、雨ぐらいしか降らないじゃない。

282

「いいことが起きそうな気がするぞ」といっているとポッと変わるんだよ

人生には、暗いときと明るいときが出てくるよね。でも、夕方過ぎて暗くなったら電気をつけるでしょ。人生もそれと同じ。暗くなったら、電気をつける。

「いいことが起きそうな気がするぞ」といっていると、心ってポッと変わるんだよ。それをイヤなことが起きると、「やっぱりイヤなことが起きた」って、電気をつけないでずっといるんだよ。暗いときに電気をつけるの。明るくなったら電気の必要はなくなる。そんなこと知っていながら、暗いときに電気をつけない人がいる。そして、明るいときに電気をつけてる。だから、おかしくなっちゃう。

暗くなったら電気をつければいい。「あっ、悪いことが起きそうだな」って、ため息ついてたらダメなんだよ。

283

自分を燃やしながら周りを照らす ロウソクみたいな生き方をしたい

私は、ロウソクみたいな生き方をしたいと思っている。
ロウソクって、自分を燃やしながら周りを照らすよね。
それで、自分の炎を他に分けても炎は減らない。
最後まで燃えていって、燃え尽きる寸前の炎が一番大きい。
私もこんなふうに、人の心に灯をともしながら生きたいなって思うんだ。

284

しあわせって気づきなの

あのね、しあわせって気づきなの。
自分がしあわせだということに気づかないとね。そうじゃないと、いつまで経っても
しあわせになれない。
満たされていることに気づかないから、イライラしたり、怒ったり、悩むの。
そういうときに人間っていうのは、毒を吐くんだよ。
その毒が部屋の空気を重くするんです。そこに来た人は、その空気に触れて、
「重いな。何かイヤな雰囲気だな」って、感じるんだよ。
生まれてきてよかったと思う。今、ここが最高だって思う。
そうすると、心に灯がともる。その灯で、人の心に灯をともすんです。

285

相手の気持ちを思いやりながら話す

相手の気持ちを思いやりながら話す。
ちょっと気取っていえば、「ウイットのある言葉」でしょうか。
話す言葉が明るくて、笑いがある。
どんな話でも「笑い」は入れられる。
楽しく話して、楽しくいろんなことができればいい。
そうすれば、人間、お互いハッピーになれる。

286

「そうだよね、わかるよ」とまず、いうんです

意見の違う人であっても、「違う」といわない。
「そうだよね、わかるよ」とまず、いうんです。
「わかる」というのは、その人の意見に賛同しているわけではないの。
「わかるよ」というと、そこではじめて、
「こいつは、オレの仲間だ」と、
人の心は、ふぁ〜っと開くんです。

287
みんなが、誰かの心の暗がりを照らす

昔は、心の暗がりを晴らしてくれるのが観光でした。
みんなが、誰かの心の暗がりを晴らす。
そうしたら、その誰かにとっての観光になるんだよ。
だから、毒を出しているか、灯をともしているかで、
人間の吸引力っていうのは、全然違うんです。

288

〝いいこと〟を足していけば、人生が今より、うんと楽しくなるよ。
誰でもみんな何かしら〝いいこと〟があるんだよ。
人間って、誰でも光を持って生まれているんだよ。

289
オーラは、笑顔で愛のある言葉をいうと、自然に大きくなる

オーラというと、私は仮に宇宙エネルギーと呼んでる。
この世にあるものすべて、人間でも何でもこの宇宙エネルギーで作られてる。
宇宙エネルギーが、体から出ているところが、フアっと光って見える。
そのフアっていう光がオーラ。
オーラは、いつも笑顔で愛のある言葉をしゃべってると、自然に大きくなる。
だけど、人間って疲れることがあるでしょ。
疲れてくると、ちっちゃくなる。
ちっちゃくなると、人からオーラを奪おうとする。
しかも、自分より下の立場の人からとっちゃうんだ。

290

人間には、みんな能力があるんだよ

人間には、みんな能力があるんだよ。
私にも、できること、できないことがある。
みんなも、できること、できないことがある。
世の中、辛抱強い人もいる。頭の回転が速い人もいる。
でも、そうじゃない人もいるんだよ。
それを自分ができるからって、できない人に同じことをしろっていうのは、
イジメと同じことなんだ。

291
みんな、がんばってるね

「みんな、がんばってるね」なの。
そういってあげたとき、相手は思う。
「ああ、自分のことを認めてくれる人がいたんだ」
そうすると、心に灯がともって、歩いていく勇気が湧いてくる。
説教されたって、何をやったって、人は動けない。
わかんないって、わかる必要はない。
駆け足が急に速くなるとか、歌がうまくなるとかってない。
大事なのは、その中でどうやったら自分がしあわせに生きられるかなんです。

292

一〇〇%の人間になれますか？なれないでしょ。それでいいんです

会社でも、彼氏・彼女でも、その他の人でも、七〇、八〇望むと苦しくなる。
あなた、一〇〇%の社員になれますか？
一〇〇%の上司になれますか？
一〇〇%の人間になれますか？
なれないでしょ。それでいいんです。
私だってなれないよ。

293

五、六割気に入っていたらそれで十分

一〇〇のうち、不満がいくつかあって当たり前。
だけど、五、六割気に入っていたらそれで十分。
それ以上望むと、その反動で相手もそれを自分に対して求めてくるんだよ。
だから、私は高く望まない。そんなもんでいいんじゃないの、って。
自分にも無茶いわないいんだよね。
世の中には、三割も人に気に入ってもらえないヤツがいるんだから。

294

本当にすごい人というのは、一生懸命働いて子どもを育てたりしながら、人がイヤがることをしないで生きている人です。晴の日だろうが、雨の日だろうが、サボることなく、黙々と畑をたがやしている人がいる。照り返しのきついなかで一生懸命道路を作っている人がいる。パン工場でパンを作っているおばちゃん、米や麦を作る人、朝早く沖に出て魚をとってきてくれる人がいる。そういう人を見ると、私は本当に素晴らしいなって思う。

295
今悩んでいることも、一年後にはなくなってしまう

悩みとは、自分でどうにもできないこと。
どうにもならないから悩んでいる。
それが悩みの特徴。
でも、人はそのことで一生悩んだままかというと、そうじゃない。
みなさんは、一年前に自分が何に悩んでいたか、覚えていますか？
あなたが今、悩んでいることも、一年後にはなくなってしまうんです。

296

気持ちがまず、勝たなければいけません。そして努力するだけ

気持ちで負けてはいけません。
気持ちがまず、勝たなければいけません。
そして努力するだけなんです。

297
人間には、思ったことを引き寄せる力がある

悩みは勝手になくなるもの。

自分が何かをして、あれを解決し、これを解決して悩みが解消した、というものではないんだ。

それは、時間が解決してくれている。

時間があなたの味方をしてくれているから。

人間には、思ったことを引き寄せる力があります。

だから、心配すると悪いことが起こることもあるんです。

298

人が何かをすれば、失敗することもあります。

でも、何かをやって、うまくいかなかったということは、「このやり方ではダメだ」ということがわかったということなんです。

だから、「ひとつ勉強になった。頭がよくなったな」といえばいい。

299

イヤなことでも、一歩踏み出すと、限界というのは超えられる。奇蹟は起こるんです

一番厄介なのは、人間の心が勝手に作る「限界」です。

心が作る限界。私はそれを、恐れだというんです。

たいがいは、新しいこと、自分がやったことがないことに遭遇すると、知らないうちに恐れを生んでいることがあります。

その限界を超えるには、自分が一番イヤなことをやらなくてはいけないんです。

イヤなことだから、限界を作っている。

イヤなことでも、一歩踏み出すと、限界というのは超えられる。

奇蹟は起こるんです。

300

私は今まで、小さなしあわせを見つけては喜び、
ホントにささやかに生きてきた人間ですから、
この〝ささやかさ〟を大事にしていたいんです。

301

「運勢がいい」とは「運ぶ勢いがいい」こと。勢いをつけて速くやればいいんです

生きていれば、今日から明日になり、明日があさってになる。
誰でも、明日へ運ばれています。「そんなのは嫌だ」と抵抗しようが、
何をしようが、私たちは運ばれているんです。
これこそが「運」です。要するに、誰にでも運があるということ。
ところで「運勢」という字を思い出してください。運ぶ勢いと書いて運勢。
つまり、「運勢がいい」とは「運ぶ勢いがいい」ということなんです。
だらだらしていたのでは、「勢いがいい」とはいえません。
勢いをつけて速くやればいいんです。

302
道理通りのことをする。それが一番ラクで、得な生き方なのね

道理通りのことをやっている人は、社会が評価するようになっている。

こういうことを避けて、「他にうまい方法はないだろうか?」と考えているから、「横にいるあいつを蹴飛ばそう」とか、余計なことを考えてしまう。

自分がそういうことを考えているから、他の人間も自分のことを蹴飛ばそうとしているんじゃないかと、疑心暗鬼になる。

だから、必要のない苦労を背負い込むことになる。

そんなことにエネルギーを使って疲れるぐらいなら、人の倍働いたほうがよっぽどラク。

道理通りのことをする。それが一番ラクで、得な生き方なのね。

303
しあわせは、自分の心が決める。人それぞれで、比較することはないんです

しあわせって、車の四輪みたいなもので、どれかひとつタイヤがパンクしたままだと、つらくなってしまう。

だから、私は、どうしたら心がしあわせを感じられるだろうか、ということを考えていました。

しあわせは、自分の心が決めるもの。

人それぞれで、比較することはないんです。

第20章

315 Miracle Teachings

「今の自分は最高だ!」といってみてください

304

成功する知恵は、豊かな心から出た

「成功する知恵は、どこから出てきたのですか」

と聞かれても、私は、

「この知恵は豊かな心から出た」

としかいえないのです。

知恵は考え方から生まれます。

意地の悪い人からは、意地の悪い知恵しか出てきません。

知恵は努力して出るものではないからです。

知恵は、ポンと湧くように出るものです。

苦しんで出した知恵は、一見、いい知恵に見えても苦しみを生むだけなのです。

305

一生のうちで一人だけでも不幸な人を減らす責任があります。その一人というのが、あなたです

人間は、苦しんではいけないのです。

あなたは、苦しんではいけないのです。

この世の中で、まず自分の幸せについて考えてください。

あなたが人間として生まれたからには、一生のうちで一人だけでも不幸な人を減らす責任があります。その一人というのが、あなたです。

そして、あなたが本当に幸せになったら、生きているうちに、だれか一人ぐらいは幸せにしてあげることができる。

あなたが不幸なままで、ほかのだれかを幸せにすることはできません。

まず、あなたが幸せになることです。

306

やさしさと笑顔。人の長所を褒める。人の悪口はいわない。この三つを実行すれば、自分を愛するというのはどんなことかがわかってきます

よく、他人を愛して、自分を愛するというでしょう。でも、自分を愛することが先なのです。自分を愛するといっても、エゴではありません。エゴとは何でも人より「私が、私が」という我です。それを消して、自分を先に愛することです。大切にすることです。できるところからやってみましょう。やさしさと笑顔をたやさない。人の長所を褒める。人の悪口はいわない。

この三つを実行すれば、体験的に自分を愛するというのはどんなことかがわかってきます。

心が温かくなってきます。

愛がひとりでに出てきちゃいます。

307 守護霊は見えない世界の存在ですが、私たちは守られているし、愛されています

私たちは、守護霊に守られています。

守護霊は見えない世界の存在ですが、私たちは守られているし、愛されています。

守護霊の愛に包まれているのだと知れば、自然に感謝の心が生まれるし、心が愛に満たされます。

周りに愛を与えたくなります。

そのためにも愛がある言葉を口から出していけばいい。

人はみんな、愛を持っているんですからね。

308

「今の自分は最高だ！」と、いってみてください。感謝の心と愛に気づきます

「今の自分は最高だ！」
と、いってみてください。感謝の心と愛に気づきます。
いろいろな幸せを自分で探していくと、毎日ご飯が食べられること、
愛する仲間がいること、
命を与えてもらったことに気づきます。
その気づきが、やがて感謝に変わり、愛になるのです。

309

自分よりも不器用な人に「もっと幸せになる生き方があるんだよ」と手を差し伸べてあげる。それが愛を出すことです

愛を出していくんです。

もし、自分の仲間が困っていたら、助けたいと思うはずでしょ。自分よりも不器用に生きている人に、「もっと幸せになる生き方があるんだよ」と手を差し伸べてあげる。

それが愛を出すことです。

それをつづけていけば、魅力的な人になれる。

だから、人は、いくらでも魅力的になれるんですよ。

たとえば、学歴をひけらかすわけでもなく、威張るわけでもなく、「私にできることがあるなら、何でもやるよ」と、サラサラいろんなことを人のためにやってあげられる人が、愛を出す人。

310 人さまが、「これあげるよ」といったら、「ありがとう」なんです

絶対いらないものであっても、「ありがとう」というのが修行です。

以前、すごいものをもらいました。

私のお弟子さんが北海道の帯広に観音さまを建てて、「ひとりさん観音」という名前をつけてくれたんです。光栄なことなので私は一応、「ありがとう」といったんですけど。

でも、ちょっとテレますよね。

私は、生きているんですよ。生きているうちから拝まれたら……。

「そんなのあり?」と思いますよね。

すごくテレます。

でも、本当に素晴らしい観音様でありがたいことです。

311

たいがいのことは、ジョークにしてしまえばいい。そうすれば、笑っちゃうんですよ

たいがいのことは、ジョークにしてしまえばいい。
そうすれば、笑っちゃうんですよ。
人間って、ジョークがわかるぐらいの人のほうがいいですね。
ジョークのわかる人は、心にゆとりがある人。
あんまり物ごとを真剣に考えすぎるとダメ。

312

笑顔でやったら、イヤな仕事もつらくなくなります

仕事がイヤでしようがない、という人がいますね。
その人は、一日八時間か九時間、イヤな思いをしているんですよ。
すると、仕事が終わってから飲みに行っても、ハッピーになれない。
だから、イヤな仕事であっても、どうしたら面白くやれるかと、
私はいつも考えてやっているんです。
そのためには、愛のある顔をすればいい。
愛のある顔とは、笑顔がいっぱい。
笑顔でやったら、イヤな仕事もつらくなくなります。

313
神さまは映画監督みたいなもの

神さまは映画監督みたいなもの。
監督に、
「あなたは通行人をやりなさい」
といわれたら、つべこべいわずに、役を与えられたことに感謝して、
最高の通行人になるのです。
すると、その姿は輝いて見える。
それが監督の目に止まるようになります。

314
今の最高な自分に、いいことを一つ、また一つと足していくだけ。そうすればすべてうまくいきます

生まれてきたらこっちのものだから、
自分がどうだ、他人がどうだというのはどうでもいい。
今の自分が最高だと思えるようになるために、
自分なりに納得するものを考える。
今の自分で勝負するんです。
今の最高な自分に、いいことを一つ、
また一つと足していくだけ。
そうすればすべてうまくいきます。

315

太陽のように輝いて生きること、それは簡単。笑顔を絶やさないだけ

太陽は、のべつまくなしに燃えていて地球を照らしています。

太陽があるから明るいんです。太陽がなければ、世界はずっと暗いまま。

太陽は気分がいいときだけ燃えているのではないんです。

ムラ気のある太陽なんて、太陽じゃない。

人間は、何も考えないでボ〜ッとしていると、暗くなってしまう。

太陽がないのとおなじになってしまう。

どんな環境に置かれていようが、明るく考えるということをしなければ、人は明るくならない。

だから、太陽のように輝いて生きるんです。それは簡単なこと。笑顔を絶やさないだけ。

一人さんが
すばらしい波動を
入れてくださった絵が、
宮城県の
定義《じょうぎ》如来《にょらい》西方寺《さいほうじ》に
飾られています。

宮城県仙台市青葉区大倉字上下1
Kids' Space 龍の間

**勢至菩薩《せいしぼさつ》様は
みっちゃん先生の
イメージ**

聡明に物事を判断し、冷静に考える力、智慧と優しさのイメージです。寄り添う龍は、「緑龍」になります。地球に根を張る樹木のように、その地を守り、成長、発展を手助けしてくれる龍のイメージで描かれています。

**阿弥陀如来《あみだにょらい》様は
一人さんの
イメージ**

海のようにすべてを受け入れる深い愛と、すべてを浄化して癒やすというイメージです。また、阿弥陀様は海を渡られて来たということでこのような絵になりました。寄り添う龍は、豊かさを運んでくださる「八大龍王様」です。

**観音菩薩《かんのんぼさつ》様は
はなゑさんの
イメージ**

慈悲深く力強くもある優しい愛で人々を救ってくださるイメージです。寄り添う龍は、あふれる愛と生きる力強さ、エネルギーのある「桃龍」になります。愛を与える力、誕生、感謝の心を運んでくれる龍です。

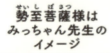

雄大な北の大地で
「ひとりさん観音」に出会えます

北海道河東郡上士幌町上士幌

ひとりさん観音《かんのん》

柴村恵美子さん（斎藤一人さんの弟子）が、生まれ故郷である北海道・上士幌町《かみしほろちょう》の丘に建立《こんりゅう》した、一人さんそっくりの美しい観音様。夜になると、一人さんが寄付した照明で観音様がオレンジ色にライトアップされ、昼間とはまた違った幻想的な姿になります。

記念碑

ひとりさん観音の建立から23年目に、白光の剣《つるぎ》（※）とともに建立された「大丈夫」記念碑。一人さんの愛の波動が込められており、訪れる人の心を軽くしてくれます。

（※）千葉県香取市にある「香取神宮」の御祭神・経津主大神《ふつぬしのおおかみ》の剣。闇を払い、明るい未来を切り拓く剣とされている。

「ひとりさん観音」にお参りをすると、願い事が叶うと評判です。
そのときのあなたに必要な、一人さんのメッセージカードも引けますよ。

そのほかの一人さんスポット

ついてる鳥居：最上三十三観音 第2番 山寺（宝珠山《ほうじゅさん》 千手院《せんじゅいん》）

山形県山形市大字山寺4753　電話：023-695-2845

斎藤一人さんとお弟子さんなどのウェブ

斎藤一人さんのオフィシャルブログ

https://ameblo.jp/saitou-hitori-official/

一人さんが毎日あなたのために、ツイてる言葉を、
日替わりで載せてくれています。ぜひ、遊びにきてくださいね。

斎藤一人さんのX（旧Twitter）

https://x.com/O4Wr8uAizHerEWj

上のURLからアクセスできます。ぜひフォローしてください。

柴村恵美子さん

ブログ
https://ameblo.jp/tuiteru-emiko/

ホームページ
https://emikoshibamura.ai/

舛岡はなゑさん

公式ホームページ
https://masuokahanae.com/

YouTube
https://www.youtube.com/c/ますおかはなゑ4900

インスタグラム
https://www.instagram.com/masuoka_hanae/

みっちゃん先生

ブログ
https://ameblo.jp/genbu-m4900/

YouTube
https://www.youtube.com/channel/UC4WV5S-NRtiMpaB1o1rYsMw

インスタグラム
https://www.instagram.com/mitsuchiyan_4900

宮本真由美さん

ブログ
https://ameblo.jp/mm4900/

千葉純一さん

ブログ
https://ameblo.jp/chiba4900/

遠藤忠夫さん

ブログ
https://ameblo.jp/ukon-azuki/

宇野信行さん

ブログ
https://ameblo.jp/nobuchan49/

尾形幸弘さん

ブログ
https://ameblo.jp/mukarayu-ogata/

鈴木達矢さん

YouTube
https://www.youtube.com/channel/UCIhvQ3nqqDsXYsOcKfYRvKw

楽しいお知らせ

無料

ひとりさんファンなら
一生に一度は遊びに行きたい

だんだんよくなる未来は明るいランド

場所：ひとりさんファンクラブ

JR新小岩駅 南口アーケード街 徒歩3分
年中無休（開店時間10：00～19：00）
東京都江戸川区松島3-14-8
TEL：03-3654-4949

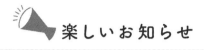

読むだけでどんどん豊かになる
〈新版〉斎藤一人 お金に愛される315の教え

著　者　　斎藤 一人
発行者　　真船 壮介
発行所　　KK ロングセラーズ

東京都新宿区高田馬場 4-4-18　〒 169-0075
電話（03）5937 - 6803（代）
http://www.kklong.co.jp

印刷・製本　中央精版印刷㈱

落丁・乱丁はお取り替えいたします。※定価と発行日はカバーに表示してあります。
ISBN978 - 4 - 8454 - 2545-7　C0030　Printed In Japan 2025
本書は 2017 年 6 月に弊社で出版した書籍を改題改訂して新たに出版したものです。